自分で考える力
が身につく！

13歳からの
MBA

《著》中川功一

SOGO HOREI Publishing Co., Ltd

――あなたのまわりに困っている人はいませんか？

「あ、そういえば○○さんが困っていたな」
「いつも△△さんが悩んでいた！」

こんなふうに、あなたの周りに**困っている人は
必ず見つけられる**と思います。

そうした困っている人を見て、あなたはきっと
こう思うでしょう。

「なんとかして、○○さんを助けてあげたい」
「どうにかして、△△さんの力になりたい」

そう思ったとき、次にあなたは何をしますか？

誰かの悩みを上手に解決することが、

この本で学ぶ「経営学」の出発点です。

もし、困っていたり、悩んでいたりする内容が
あなたの得意なことだったら、
あなたはきっとこう言うでしょう。

「それ、私の得意なことだから、私がやってあげる！」

**実は、そういう行動の積み重ねが私たちの世界を
つくっている**のです。

例えば、あなたが数学が得意だったとしましょう。
自分には簡単にわかるのに、どうしても解けないと
悩んでいる友達がいたら……。
あなたは、きっとその友達に問題の解き方を
教えてあげるに違いありません。

では、問題の解き方を教えてあげた友達は、
あなたの行動にどう反応するでしょうか？

あなたの好意を、なんらかの形で返してくれるはずです。

喜んであなたにお菓子をくれるかもしれません。

仮にその友達はサッカーが得意で、あなたは苦手だったら、
その友達はサッカーが上手になる方法を
教えてくれるかもしれません。
そして、社会の多くの場面では、お金を払うという形で
人がしてくれた仕事に報います。

「相手の困りごとを探し、自分の強みを発揮して、
問題を解決し、対価を払う」

あなたが大人になってお金をかせぐ「仕事」とは、
こういうことなのです。

「仕事」は自分一人で行うこともありますし、
皆で行うこともあります。

皆で行うときには、**一人ひとりがどのような役割で
どんな仕事をするのか考えること**が必要になってきます。

困っている人や悩んでいる人を探す人も必要ですし、
悩みに合わせて、解決できるさまざまな強みがある人を
たくさん揃えることも必要です。

しかし、集まった人たちには、
それぞれの暮らしがあります。
その人たちの都合に合わせて働いて
もらわなければなりません。

人々が一緒に働く組織をつくり、皆に給料を払わなければい
けません。
**これら一切のことを実現していくことが
「経営をする」ということです。**

そして、その経営を上手にやるのが
これから紹介する**MBA（経営学修士）**です。

MBAは経営学の大学院を卒業するともらえる
学位のことです。

こうした大学院はビジネススクールと呼ばれ、
会社の経営者を育成するために、本来、
社会人を対象にしています。

この本は、13歳にもわかるよう、
その核の部分をぎゅっと凝縮したものです。

戦争や不景気など、先行き不透明な時代では
どんな逆境にあっても、**生き抜く力**が必要です。

では、どうやって**生き抜く力**を訓練すれば
いいのでしょうか？

それが、MBAの知識を身につけることなのです。

どんなに苦しい状況にあっても、

人間がいる限り、そこには「困りごと」や
「悩み」は必ずあります。

アンテナを立ててそれらを見つけ、解決してあげて、
対価をもらって暮らせる力を身につければ、
どんな逆境でも生きていけるのです。

この本はその知識を紹介する本です。

では、一緒に最初のページをめくって、
勉強を始めましょう！

はじめに

　この社会は、事業（ビジネス）でできています。

　この社会に、食べ物を、電気を、自動車を、洋服を、散髪を、ゲームを、スポーツを提供しているのは、ビジネスです。皆さんが、社会に出てから先、半世紀以上を過ごすのも、ビジネスの中です。

　そんなビジネスを、良いものにできるかどうかが、ビジネスを動かす仕組み「経営」の力です。良い商品をつくり、効率的な業務をつくり、人々に良い働き方や給与を与え、技術を前進させる。その一切合切を組み立てるのが、経営の役割です。

　そんなビジネスと経営のエキスパートが手にする資格が、MBAです。MBAとは、マスター・オブ・ビジネス・アドミニストレーション（Master of Business Administration）。マスターとは、「大学院」というところで学んだ証で、日本語では修士（しゅうし）といいます。ある学問をおさめた人、まさしく、マスター＝極めた人、です。アドミニストレーションとは、組織を管理し、経営をするということ。MBAとは、ビジネスを経営するための学問──「経営学」をおさめたマスター。

人々が欲する製品・サービスを届け、働く人に幸せを届けるための技能を極めた、マスター。まさに、この社会で、今一番必要とされている知識を持っている存在のひとつがMBAなのです。

　私は、この本を読んでくれている皆さんこそが、これから先の未来のリーダーとなることを知っています。だから、皆さんに、早いうちからビジネスと経営のことを、正しく学んでいただきたいのです。

　皆さんが、もし、人々を苦しめる悪いビジネスをつくってしまったり、望ましくない経営をしてしまったら、未来の社会は、とても暗いものになってしまいます。皆さんが、決して悪い心でビジネスをしていなかったとしても、です。正しい経営学の知識なしにビジネスと経営を行ったならば、結果として人々を苦しめてしまうことにもなりかねません。

　まさに、未来は、皆さんがどういうビジネスと経営をするかに、かかっているのです。この社会を、もっともっと良いものにできる力として、皆さんには、ぜひこの青少年期のうちに、「MBA」の基本を、身につけてもらいたいと思います。

中川功一

もくじ

第 3 章　買ってもらえる仕組みをつくろう

第 4 章　お金の流れと使い方を知ろう

第 5 章　たくさんの仲間と協力しよう

第 6 章　論理的に考えよう

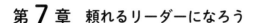

第7章　頼れるリーダーになろう

第8章　ケーススタディで学ぼう

ブックデザイン／木村 勉
DTP ／横内俊彦
校正／髙橋宏昌
イラスト／木村 勉
図表／横内俊彦

第 1 章

ビジネスって
なんだろう？

働いて、
お金をかせぐって
どういうことだろう？

（企業論／経営学の基本）

皆さんは、お金をかせぐことに、どんなイメージを持っていますか？

どうも日本では、お金をかせぐことに対して悪いイメージを持つ人が少なくないようです。

人からお金をうばっているとか、かせいだお金を見せびらかすのがいやらしいとか、ガツガツしていて格好が悪いとか。

しかし本当は、かせぐことは、社会とあなたの人生の両方に、とても大切なことなのです。

最初の章ではまず、お金をかせぐとは、どういうことなのか、その正しい意味を理解してもらいたいと思います。そして、会社の経営や、働くということを、より良いものとすることの大切さ——経営学を学ぶ意味を、知ってもらおうと思います。

　売上とは、どれだけ社会の役に立ったかのバロメーターです。なるべく多くの人に、より価値の高いものを届けられたならば、会社は売上を伸ばすことができます。商品やサービスを改良して、もっと便利なものにできたとしたら、お客様は増えるでしょう。

　こうして、たくさんの会社が競争をしながら、社会のためによりいっそう役に立つもの、人々がもっと嬉しいと思うものをつくり、届けることで、私たちの社会は発展してきたのです。会社という仕組みこそが、この社会を豊かに発展させてきた原動力です。

　私たちは、会社で働くということを通じて、世の中とつながり、世の中の人々の役に立ちながら、生活をしています。その「働く」を、より上手に行い、会社が成長し、あなた自身も大きな成功を収めたならば、あなたは大きなお金をかせぐことができるでしょう。

　上手に働くことで、あなたは、社会と、会社と、自分の幸せを、同時に達成できるのです。他人を幸せにしながら、自分も幸せになれるなんて、素敵な仕組みだと思いませんか？

　経営学は、あなたが上手に働くための学問です。ぜひ、この本を読んで、この社会で活躍するための方法を身につけてもらいたいと思っています。

売上って、なんだろう

お金を払うときと、お金をかせげるとき

お金を払うのって、
どんなとき？

あなたが商品やサービスを買うのは……お金を払うだけの価値があるとき。払ったお金の分以上に、幸せになれるとき。

お金をかせげるのは、
どんなとき？

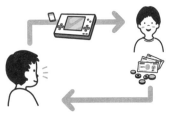

あなたがお金をかせげるのは……人々がお金を払ってでも、手に入れたいと思う、人を幸せにできる商品・サービスを売ったとき。

お金を手に入れるためには、どうしたらよい？

皆さんは、お金持ちになりたいですか？

なりたい人もいれば、別に興味がない人もいるでしょう。でも、お金持ちになりたくない人でも、生きていくためには、お金が必要であることは、わかっていると思います。

　まずは、この「お金をかせぐ」って、どういうことなのかを考えてみましょう。

　あなたは、どういうときに、お金を払いますか？　ゲームを買うとき、本を買うとき、お菓子を買うとき。あなたは、自分が欲しいと思ったとき——**それを手にすれば、自分が、もっと幸せになれると思ったときに、お金を払います。**

幸せを届けたときに、お金がもらえる

　逆に、会社の立場になってみましょう。誰かを幸せにできるものを売ることができたら、会社は、お金をかせげます。

　会社がかせいだお金の総額のことを、売上といいます。誰かを幸せにすると、お金が手に入るのだとすれば……売上とは、「どれだけ多くの人に、どれだけの幸せを届けたのか」を意味していますね。そう、お金持ちになるための近道は、「**多く人の役に立つものをつくって、売ること**」なのです。

商品とサービス

　会社が売るものは大きく分けて2種類。1つは「商品」。お菓子やジュースなど、**形のあるモノ**です。もう1つは「サービス」。こちらはアニメや音楽など、**形のない体験**です。人々が欲する新商品や新サービスのアイデアが事業の始まりです。

費用って、なんだろう

費用とは？

会社に協力してくれた人や会社が使った資源に支払うお金のこと

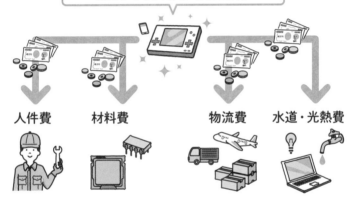

お金をかせぐために使った資源や
協力してくれた人にお金を払う

人件費　　材料費　　　　　物流費　　水道・光熱費

会社を動かすには、実に多くの費用がかかる

　誰かを幸せにするための商品やサービスをつくろうと思ったら、実に多くの人の協力が必要になります。商品やサービス自体をつくるだけでなく、原材料や設備もつくる必要がありますし、電力などのエネルギーも必要ですね。

　つくるだけでは、まだ足りません。私たちの手元に届くまでに、トラックや船などの物流があり、お店での販売活動を経て、ようやく私たちのところに届きます。

　これらの活動に、対価が払われなければ、この社会はおかしくなってしまいます。**費用とは、会社の活動に協力してくれた人と、会社の活動で消費した地球資源への対価**です。

費用は、ちゃんと支払い、そしてちゃんと節約する

　だとすれば、この社会を持続可能（サステナブル）にするためには、会社は2つのことに注意しなければなりません。

①**自分が使ったものや協力してくれた人には、必ず正当な対価を支払う。**

②正当な支払いを約束した上で節約する。なるべく地球資源の消費を減らし、なるべく人にムダな労働をさせない。**社会のムダを減らすことで、会社ももうかるようになるの**です。

さまざまな費用

　人にかかる費用：**人件費**。部品や材料：**原材料費**。エネルギーや水：**水道・光熱費**。その他、**物流費や研究開発費**など。何をするにも、人の労働と、地球資源の消費が発生します。だから、必ず費用を支払い、節約するのです。

利益って、なんだろう

利益とは？

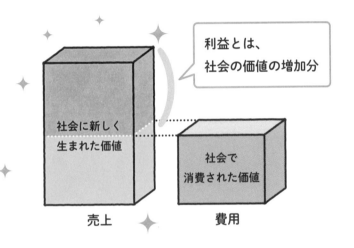

利益とは、
社会の価値の増加分

社会に新しく
生まれた価値

社会で
消費された価値

売上 ━ 費用

利益が、何を意味しているのか、考えてみよう

利益は、以下の式で求められます。

利益　＝　売上　━　費用

　ここまでの話を、整理してみましょう。売上とは、「どれだけ多くの人を、どれだけ幸せにできたか」を意味する金額でした。一方、費用は、「会社の活動のために、協力してくれた人や、消費した地球資源への対価」でした。だとすれば、その差である利益って、何なのでしょうか？

 お金をかせぐのは、ずるいこと？　下品なこと？

　利益とは、**生まれた価値と使われた価値との差ですから、この差（社会の価値）を、どれだけ増やすことができたか**を意味します。また、利益があれば、会社の活動を続け、拡大し、改善することができます。働き手の暮らしを守り、技術をみがき、生産量を増やし、より多くの人のためになるのです。

　もし、会社が不良品を出したり、公害を出したりと、社会に迷惑をかけた場合にも、その責任をとるために利益が使われます。お金をかせぐことは、このようなことのためにも大切なことなのです。

利益があるから、長く続けられる

　ボランティアは、利益を気にせず行われます。善意からのボランティアは、もちろん素晴らしいことなのですが、お金をもらわずにできるのは、せいぜい数週間です。対価をもらうからこそ、長年にわたって、自分の仕事として続けられるのです。

会社は利益だけを
追求していればいいの？

すべての関係者にとって望ましい
経営をすることで、企業経営は持続可能になる

利益だけを追求したとき、どんな問題が起こる？

　利益をかせぐことは、さまざまな意味で、とても大切なことでした。しかし、会社は、利益のためだけに経営をすればよいのでしょうか。その時、どんな問題が起こるでしょうか？

　利益ばかりを考えると、働き手への支払いをケチって、いわ

ゆる「ブラック企業」になっています。協力してくれた会社への支払いを減らす「下請けいじめ」にもなります。地域に公害を出したり、お客様をだましたり、地球環境を破壊したりと、さまざまな問題が起きてしまいます。

すべての関係者と、良好な関係をつくる

しかし、社会に悪影響を与えていては、実は会社も長持ちしないのです。その会社で働く人材が集まるのは、会社と長年取引してくれるのは、会社にお金を貸してくれるのは、会社が地域で活動することを許してくれるのは………その会社が、働き手に、取引相手に、銀行に、地域に、好かれているからです。

会社が成り立つのは、利益があるからだけではありません。人材、資金、土地、原材料、設備などを提供してもらえているからです。ですから、**すべての関係者（ステークホルダー）との良好な関わりをつくることが、会社を長く続けていくための秘けつとなります。**

三方良し

江戸・明治ごろに活躍した近江（おうみ）商人は、「三方良し」という理念を持っていました。売り手、買い手、世間の三方にとって良い事業を営むべきだ、という考え方です。日本では古くから、利益を追求するだけではダメだとされていたのです。

そのビジネスが誰かを不幸にしないか、考えよう

誰も不幸にしないビジネスをつくる

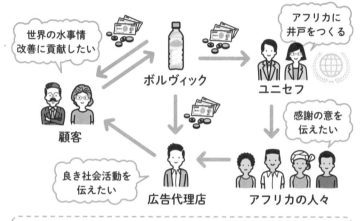

世界の水事情改善に貢献したい

ボルヴィック

アフリカに井戸をつくる

ユニセフ

感謝の意を伝えたい

顧客

良き社会活動を伝えたい

広告代理店

アフリカの人々

 あなたも、自分のビジネスを考えたらチャート図にしてみんなを幸せにできるか分析してみよう!

ビジネスのチャート図を描いてみる

　利益が出て、誰も不幸にしない、上手な事業(ビジネス)は、どうやったら、つくれるのでしょうか。一番よい方法は、事業がどういう流れになっているか、関係者とのつながりを、チャート図にして描いてみることです。

誰か、見落としている人はいないか？　誰かが不満を感じてはいないか？　お客様には価値が届いているか？　自分たちはやりたいことができているか？　きちんと「自分の会社がやりたいことができているか」も、考えに入れて、分析してみましょう。

皆が幸せになる「ボルヴィック」のビジネス

私がかつて見てきた中でも、とても素晴らしいと思ったチャート図を1つ紹介します。ヨーロッパで水を売っている、ボルヴィックのチャート図です。ボルヴィックは売上の一部を、ユニセフを通じてアフリカの井戸建設に使っています。その活動を、広告会社がヨーロッパに宣伝し、いっそうお客様はボルヴィックのことを好きになって水を買っているのです。

皆さんも、ボルヴィックのチャート図を、分析してください。誰も不幸にならず、やりたいことをできている。**お客様も、ただの水より、アフリカを救える水のほうがうれしい**ですね。

図にして、描いてみること。事業の「見える化」

最近、大人のビジネスでは、図にすることの重要さが広まっています。イメージするより描いたほうが早いし、頭の整理もつく。しかも、仲間に見せ、助言をもらえるからです。誰もがわかるように形にすることを**「見える化」**といいます。

人はどうして組織を
つくるんだろう

経営をするとは？

事業をすること　　　　　組織を管理すること

生産 ← 生産部

物流 ← 物流部 ← 管理部

販売 ← 販売部

事業と組織の全体を、効率的に、みんなに幸せが届くように
つくっていくことが、経営をするということ

事業は必ず「組織」で営まれる

　ところで、会社というものには、もう1つ別の側面があります。それは、人々が集まって「組織」をつくって、事業を営んでいるということです。

　1人の人間ができることは、とても限られています。1人で

は、自動車も、スマホも、ゲームもつくれない。YouTuberだって、多くの人にサポートしてもらって動画配信をしています。みんなの力を合わせることで、はじめて事業は実現できるのです。

 経営とは、事業をつくることと、組織を管理すること

だから、事業を営むためには、上手に人々の協力関係をつくらなければなりません。たとえ、どれだけ良い商品のアイデアをひらめき、素晴らしい事業の仕組みを考えついたとしても、仲間が集まって、協力してくれなければ、事業はできないのです。つまり、**組織を管理する**ことが、必要になるのです。

ですから、会社の経営には、2つの側面があることになります。**①お客様に商品・サービスを届ける事業をつくる。②事業を動かすための、組織を管理する。**この両方をバランスよく行うことが、会社を経営するということなのです。本書では、①を第2・3章で、②を第4・5章で扱います。

経営という言葉の意味

「経」は、正しい道の意味（経路、経典）。「営」は、考えて実行すること（設営、造営）。経営とはつまり、**正しい道を行くために、考え、実行すること。**お客様も、社会も、仲間も、あなたも、皆を幸せにするのが正しい道のはずです。

ビジネスのための資金は、どうやって集めるの？

出資・融資の仕組み

  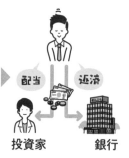

投資家　銀行	投資家　銀行	

事業のための資金がたくさん必要。どうやって集めればいい？

事業がもうかることや、自分の夢などを語って投資家から出資してもらったり、銀行からお金を借りたりする

事業を成功させたら、お金を出してくれた人たちに成功報酬を渡す

投資家や銀行から、お金を出してもらう

　会社がうまく動き出したら、もっと大きくしたいな、と思うでしょう。会社を大きくするには、資金が必要になります。

　その時、あなたは投資家や銀行に頼ることになります。「今はまだ小さい会社だけど、お金を出してくれたら、〇年後には

これだけ成長できる。そのときには、**お金をどれくらいにして返します**」。そういう計画を立てて、お金を出してもらうのです。

　大切なのは、**あなたがお金を持っていなくてもいいということ**。能力や人柄、会社の可能性にかけて、他の人がお金を出してくれることで、誰もが事業にチャレンジできるのです。

出資と融資

　会社がお金を得る方法は2通りあります。1つ目のお金を「借りる」**融資（ゆうし）**は、期日までに利子をつけて必ずお金を返す方式です。主に銀行が融資を担っています。

　もう1つの**出資**は、お金を出してもらうとともに、会社の経営に加わってもらう方式です。出資者は、お金を出して、会社の**株式**を取得し、**株主**となります。株式とは、会社の所有権のことです。株主となった人は、会社の所有者のひとりになります。会社を成功させて、何倍もの利益を得るため、経営者と一緒になって成功を目指すのです。

どんな事業も、最初はとても小さい

　ゲーム機の任天堂も、スマホのアップルも、カップヌードルの日清食品も、皆、最初は仲間数人で始めています。会社のスタート時に、資金がないことを気にする必要はありません。

どんな働き方をしたら、幸せになれるの？

幸せになれる働き方とは？

やりたいこと、できること、
そして、社会に求められていることができる働き方

プライベートも大切

私生活も充実してこそ、
よい働き方ができる！

will
やりたいこと

can
できること

must
社会に求め
られていること

 「働く」が幸せであるのは、とても大切な問題だ

　自分で会社を起こすにせよ、会社に入って仕事をするにせよ、あなたはこれからの人生で、長い時間（50年以上？）、働き続けながら、生きていくことになります。だとすれば、「働く」を自分にとって幸せなものにしなければ、不幸な人生になって

しまいますね。

 ## やりたいこと、できること、社会の役に立てること

「働く」を幸せなものにするために、あなたは、これからの人生の中で、**「やりたいこと、できること、社会の役に立てること」**を考えていくといいでしょう。日々、変わっていっても問題ありません。それが、自然なことです。その時その時で、あなたができて、やりたくて、しかも人の役に立てることを探しましょう。

① 「やりたいこと」やりたくないことを、長年続けられるほど、人の心は丈夫にできてはいません。

② 「できること」いろいろなできることを、育てましょう。たくさんあるほど、さまざまな仕事ができますね。

③ 「社会の役に立てること」社会の役に立てれば、お金をもらって、暮らしていけます。皆に、感謝もしてもらえます。

プライベートも大切！

自分の力を発揮して、社会のために良い仕事をする。そして、休みの日には、思いっきり自分のやりたいことをする。仕事とプライベートのバランスをとり、どちらも充実したものにする。こうした考え方を、**ワーク・ライフ・バランス**といいます。

皆を幸せにできる事業を考えて、チャート図にしてみよう！

P26のボルヴィックの例では、チャート図を描いてみる方法をお伝えしました。それはお客様に幸せを届けられるだけでなく、みんなが幸せになる事業でした。誰かを不幸にする事業は、長続きできないものだからです。

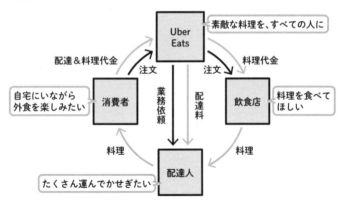

図は、アメリカで生まれ、日本に2016年に上陸した「ウーバーイーツ」（料理を運ぶ事業）のチャート図です。

お客様はもちろん、飲食店や配達人も幸せになれる事業にな

っていますから、お客様も使いたいし、飲食店もウーバーイーツに協力しますし、配達人も一緒に働いてくれます。このように、参加する皆にメリットがある新事業をつくることができれば、その事業は成長していきやすいのです。

　さて、次はあなたの番。自分の新事業を、うまくデザインしてみましょう！

① まず、お客様に「欲しい！」と思ってもらえる新商品・サービス案を考えてみましょう。

② 事業のチャート図を描いてみましょう。そして、チャート図に登場する人や会社の気持ちをフキダシで書いてみましょう。

③ 誰も不幸になっていないか、みんなが積極的に参加をしたいかを、よく考えてみましょう。

④ もし、事業の流れが複雑すぎたり、非効率そうだったり、誰かが不幸になっていたら、どうやったら良くなるかを考えてみましょう。

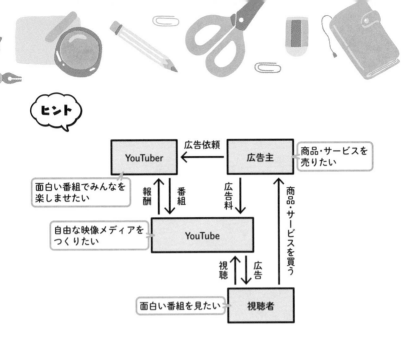

もう1つチャート図の例をお見せします。みんなが大好きな YouTube です。今や3兆円以上を売り上げる、世界最大の放送事業となった YouTube も、そこに参加する全ての人が幸せになれているからこそ、成長できたのです。

いきなり上手なチャート図が描けなくても、心配ありません。誰だって、何十個、何百個と事業のアイデアを考える中から、うまくいく事業を見つけるのです。皆さんが何度もチャレンジする中から、世界を変えるような新事業が出てくることを、私は確信しています！

第2章

新しいビジネスを
つくろう

新しいビジネスを
つくるということは、
どういうことだろう？

（イノベーション・マネジメント）

　経営学の始まりは、事業（ビジネス）をつくることです。新しい事業を生み出すことを、イノベーションと言います。まずはこのイノベーションの方法を、学んでいきましょう。

　イノベーションの第一歩は、社会の悩みを見つけること。そして、それを解決できる、商品やサービスのアイデアを考え出すことです。

　次に、材料を買って、商品をつくって、お店で売って……という、事業の仕組みを考えます。ここでは、自分たちだけで頑張ろうとせず、上手に、他の会社に手伝ってもらうことが大切です。

　皆さん、ぜひ、自分の身の回りを見渡してみてください。鉛筆もノートも服も、眼鏡やコンタクトも、スマホもパソコンも、

あらゆる商品とサービスは、過去に誰かがイノベーションしてくれたおかげで、この社会に広まっています。社会はそうして、人類の成し遂げてきたイノベーションの上に、成り立っているのです。

　もし、あなたがイノベーションに成功したならば、あなたも社会の進歩に貢献できたことになります。誰かを幸せにできる商品やサービスを生み出して、そして自分や仲間たちがお金をかせいで生きていくことができるなんて、会社とは、実によくできた仕組みだと思いませんか。

　今では、世界中で、イノベーションをめぐる競争が起こっています。日本でも、アメリカでも、中国でも。誰がより上手に、人々の役に立てるかを競っているのです。野球やサッカー、将棋のように、うまさを競う競争です。この競争は、全ての人に開かれた、とても平等なものです。便利な商品・サービスを、上手に提供する仕組みをつくれたならば、誰だって会社を大きく育てることができます。皆さんにもぜひそんな、21 世紀の時代のイノベーション競争に、前向きに参加してもらいたいと思います。

社会の課題を発見しよう

ビジネスのアイデアの基本は「誰かの悩みに応える」

速く
走りたい！

楽しいゲームで
遊びたい！

自由に、
いろいろな
動画を見たい！

アンテナを伸ばして、悩みを探そう

新しいビジネスのきっかけは、社会の問題の解決

　新しいビジネスをつくるには、まず、何をすればよいか？その答えは、社会の課題を発見することです。第1章でも書いた通り、商品やサービスが売れるのは、それが人々を幸せにできたとき——つまり、人々の悩みを解決できたときです。です

から、新しいビジネスをつくろうと思ったら、**今、社会にどういう困りごとがあるのかを、探してみること**が大切です。

幸せを届けたときに、お金がもらえる

　自由に映像を見たい、配信したい。そんな悩みに応えて生まれたのが YouTube です。もっと楽しいゲームを遊びたい。それに応えて生まれたものが任天堂 Switch。速く走りたい、に応えて瞬足というシューズが生まれ、オンラインで会議や授業をしたい、に応えて Zoom が生まれました。

　それでも、**まだまだ、この社会にはさまざまな未解決の問題があります**。食糧問題、エネルギー問題、環境問題、人権問題、高齢化問題、少子化問題、物流問題、災害、ダイバーシティ、交通安全、文化の保護、芸術やスポーツの推進……。さあ、あなたはどんな課題を見つけることができるでしょうか？　あなたが挑戦するとしたら、どんな課題を解決したいですか？

アンテナを高くする

　高いアンテナは、多くの電波を捉えます。この様子から、いろいろなことに関心を持ち、情報を得ている人のことを「**アンテナの高い人**」といいます。起業に挑戦する人は、アンテナを高くして、いつも新しいビジネスの可能性を探しています。

人の悩みと喜びを、よく観察しよう

情報収集や当事者へのインタビューで
悩みの背景を知ろう！

必ず当事者に聞く

例えば、これからの高齢化社会のために、高齢者のための水着を制作する事業を考えたとしましょう。高齢者の方たちに喜んでもらえるような事業にするには、どうすればよいでしょうか？

　新事業を成功させるためのポイントは、**わからないときは、当事者に聞いてみる**、です。あなたがどれだけ想像したって、高齢者の困り事や、うれしいことを正しく知ることはできません。高齢者の悩み・喜びを知るためには、高齢者の方にインタビューしてみるのが一番です。

人々の声を、商品・サービスに反映する

　高齢者向けの水着事業を考えているならそのアイデアを高齢者の方に伝えて、アドバイスをもらいましょう。実際に、水着を着てもらうことができれば、もっといいですね。高齢者の方は、「体形が出ないほうがいい」とか「生地が厚くて身体が冷えない」といった要望や「着やすく脱ぎやすい」といった喜びの声を聞かせてくれるでしょう。

　そうした希望や喜びの声に応え、改善をしていけば、お客様から選んでもらえる、良い商品・サービスになるでしょう。

共感の心を持って、現場を観察する

　ここで説明した方法は、実際に世界中の大学で教えられている新商品・新サービス開発の方法です。そこで、特に重要とされているのは、共感できる心です。当事者に共感できるほど、正しく相手の困り事・うれしいことを理解できるからです。

形にしてみよう

安く、手早くつくって、試す!

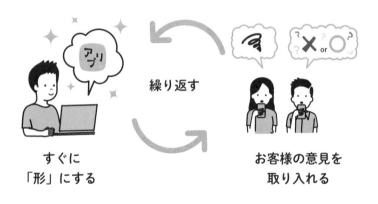

繰り返す

すぐに
「形」にする

お客様の意見を
取り入れる

考えていても、始まらない。

新しい商品・サービスをつくるときに、当事者の声を聞くことと同じくらい大切なのが、**実際に形にしてみること**です。昔、大人たちは、形にすることをためらって、お客様の声を前に、会議室で腕組みをしていたのです。しかし、それじゃあ商品・

サービスは、いつまでたっても、出来上がりません。

 つくって、試す

　新商品・サービスをつくるのが上手な人は、すぐに、形にしてしまう人です。最初につくった形は、ひょっとしたら、全くの見当違いかもしれません。それでも、つくっては直し、つくっては捨て……を繰り返すほうが、ずっと考え続けてなかなか答えを出さないでいるより、正解に近づきやすいのです。

　例えばスマホアプリなどは、アイデアがまとまったら、さっさとつくって出してしまう……という形が取られます。問題点や不満があれば、お客様からそれを聞いて、直せばよいのです。もしお客様の希望するものと全く違っていたら、直すこともせず、サービスを終了してしまえばよいのです。マンガや YouTuber なども同じで、とにかくたくさん出しては、読者・視聴者の反応から学び、次の作品・動画に反映していく形が、成功しやすいことが知られています。

形にする、やり方はいろいろ

　商品であれば小型の模型、アプリであれば最小限の機能を備えた「MVP」（ミニマム・バイアブル・プロダクト）をつくります。近年では、どういう商品・サービスにしたいのか、動画でアイデアをまとめる「ビデオ MVP」も使われます。

皆で新しいアイデアを
出してみよう

アイデアの源泉はダイバーシティ

足が不自由でも
健康的でいたい

↓

車椅子（いす）でできる
スポーツはどうかな?

健康状態を診断（しんだん）する
アプリを作るのは
どうかな?

足が不自由でも楽しめる
キャンプイベントは
どうかな?

1人よりも皆で考えるほうが、アイデアが出る

　もし、新事業のアイデアが出ないときは、どうすれば良いでしょうか。そんな困ったときの方法は、「**皆で考える**」です。同じ問題でも、人によって違って見えるのは自然なことです。1人で抱え込むのではなく、何人ものメンバーで考えれば、良

いアイデアはずっと出やすくなります。

　メンバーには、いろいろな個性のある人を招きましょう。メンバーの多様性（ダイバーシティ）は、アイデアの多様性につながります。

何でも話せる「心理的安全性」をつくる

　そのときに大切なのは、「気楽に発言できること」。完ぺきなアイデアではなくても、気楽に発言ができることで、他の人が発言しやすくなります。わからないことも、すぐに質問してみましょう。みんなが、しゃべりやすくなります。

　もう１つ大切なことは、「否定しないこと」。意見を否定されてしまうと、安心して発言できなくなってしまいます。良いアイデアをたくさん出したいと思うなら、「どんな発言をしても、大丈夫だ」と思える場をつくることなのです。経営学では何でも安心して話せることを「心理的安全性」といい、良い会社の特徴として知られています。

予想外の２つを組み合わせて、新しいアイデアを出す

　ソフトバンクの創業者の孫正義さんは若いとき、両手に辞書を持ち、開いたページの言葉を組み合わせ、アイデアを出す練習をしました。予想外の２つのものごとをくっつけてみるのです。これは脳科学的に創造性を高める方法として知られます。

アイデアが正しいかどうか、試してみよう

**事業が成功するかどうかは誰にもわからない。
だから試しに売ってみる**

商品が売れるかどうか。答えは、お客様が知っている

新しい商品やサービスのアイデアがあっても、皆さん、それが本当に成功するかどうか、不安ですよね。この不安を解消し、新商品・新サービスが売れるかどうかを確かめる方法があります。P45で紹介した「MVP」をつくり、お客様に見せたり使っ

てもらったりして、買いたいかどうか、尋ねてみればよいのです。

　もし、多くのお客様が「買いたい！」と言ってくれたなら、商品・サービスを完成させて、事業をスタートさせましょう。逆に、もしお客様が「いらない」と言うのなら、また新しい商品・サービスを考えればよいのです。

　また、「買いたい」にせよ「いらない」にせよ、お客様はどういうところが気に入ったか、どういうところが不満なのかを教えてくれるはずです。それを反映させて、商品をみがいていけば、よりいっそう、成功しやすくなるでしょう。

多くの経営者が、何度も失敗を経験している

　何度もつくり直す中から、成功する商品・サービスは生まれ
ます。ユニクロを成功させた柳井正さんは、自分の人生をふり返って、「1勝9敗」だと言っています。いろいろなことに挑戦する中で、成功する事業が見えてくるのです。

失敗を許す社会が大切

　アップルやグーグルが生まれた、アメリカのシリコンバレーというベンチャー企業が集まる地域には、失敗を許す文化があります。何度失敗しても、やり直せる。だから、誰もが新事業の創出に、挑戦できるのです。

どうやってつくり、届けるかを考えよう

オペレーションのつくり方

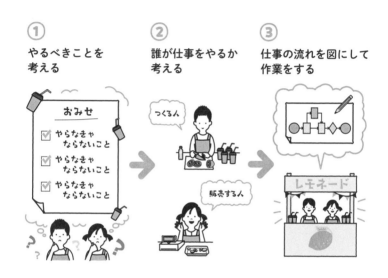

① やるべきことを考える

② 誰が仕事をやるか考える

③ 仕事の流れを図にして作業をする

新商品・サービスのアイデアだけでは不十分

アイデアを新事業につなげるためには、商品やサービスをつくり、届けるという、仕事の流れをつくる必要があります。これを、**会社のオペレーション**といいます。このオペレーションまで、しっかり考えなければ、会社をつくることはできません。

やるべきことを、書き出してみる

では、どうやってオペレーションを考えていけばよいでしょうか。①まずは、やらなければいけない仕事を書き出します。②次に、その仕事を、自分たちでやるか、他の会社にお願いするかを決めます。③自分たちでやる仕事も、誰が担当するかを決めます。④その仕事の流れが、どうなっているかを、チャート図で描いてみて、チェックしてみましょう。

レモネード屋を行う場合を考えてみましょう。レモネードの生産と販売は自分たちでやるのがよさそうです。レモンなどの材料は市場やスーパーで買うのが楽ですね（他社から買うことを**調達**といいます）。カップやストローも、自分たちではつくれませんから、他の会社にお願いするほうがよさそうです。こうして、「**自分たちができること**」「**他者が得意なこと**」などを基準に、自分たちがやるべきことを決めていくのです。

会社には「ライン」と「スタッフ」が必要

ここで紹介したのは、商品やサービスをつくり、届ける仕事のことで**ライン業務**というものです。これに加えて、ライン業務を支える仕事＝経理や、人事、管理などの仕事のことを、**スタッフ業務**といいます。会社には両方が必要です。

たくさんの支援を集めよう

トヨタがやっているのは全体の一部にすぎない

デンソー　アイシン　AGC　新日鐵(しんにってつ)

トヨタは組み立て担当

世界中の販売会社が
車を販売する

会社は、多くの仕事を、他の会社に頼っている

　日本最大の会社は、愛知県にあるトヨタ自動車です。

　トヨタの車は、半分以上、他の会社がつくった部品でできて
います。電子部品はデンソーが、ブレーキなどはアイシンが、
ガラスは AGC、ボディは新日鐵……といった具合です。販売

は、「ディーラー」と呼ばれる会社が行っています。皆さんが街中で見かけるトヨタのディーラーも、そのうちの多くは、トヨタとは別の会社です。

会社というものは、他の会社に頼っているものなのです。iPhone をつくるアップルも同様です。iPhone の生産は、台湾の会社に任せています。中の電子部品の多くは、日本企業がつくります。販売は、各国の通信会社や電器屋さんが行います。

他の会社に頼るから、大きく成長できる

トヨタは日本一の会社、アップルはアメリカ一の会社です。だとすれば、新しいビジネスをつくるときも、なるべく多くの会社に頼ったほうがいいですね。

新事業のアイデアの中で、どんな会社に頼れるかを考えてみましょう。街の商店が売ってくれれば、自分で頑張って売らなくても、商品が売れますね。農家さんや工場に材料をつくってもらえれば、自分たちで材料をつくらなくて済みますね。

リーン・スタートアップ

リーンは「やせている」という意味です。スタートアップとは、起業することです。自分たちで何でもやろうとせず、多くを外の会社に頼ってスリム体形の事業にする「リーン・スタートアップ」が、成功しやすいことが知られています。

収支を計算しよう

ラーメン屋の収支予測

売上	費用	利益

費用：水道・光熱費　材料費　家賃　人件費　広告費

金額の大きいものを押さえ、
だいたいの売上と費用をつかむ

事業を計画するときは、必ず収支を計算する

　新事業を計画するときは、**必ずどれくらいの売上になり、ど
れくらいの費用がかかるかを計算します**。「あ、ちゃんと利益
が出るな」とわかれば、起業できるのです。

　まずは売上。どういうお客様に、どれくらい売れるでしょう

か。ここまで自分たちが描いてきた事業アイデアに沿って、売上を計算してみましょう。

　売上　＝　商品・サービスの価格　×　売れた数

　さあ、どれくらいになりましたか？　予想をするのは難しいですよね。そういうときは、大人に聞いたり、インターネットで調べてみましょう。

他の会社に頼るから、大きく成長できる

　費用は、足し算です。①人件費（人に払う給料）、②原材料費、③家賃、④電気代・水道代、⑤設備代、⑥業務委託費（他の会社に仕事をしてもらった料金）などです。

　さて、売上と費用の予想がついたら、この事業が、もうかるかどうかが、わかりますね。あなたの事業は、黒字・赤字、どちらになりましたか？　どちらの場合でも、ここからが勝負です。この予想をもとに、もっともっと、もうかりやすい事業アイデアへと、みがいていくのです。

いろいろな事業を計算してみよう

　収支計算は、やればやるほど、うまくなります。ラーメン屋は？　コンビニは？　インターネットで「ラーメン店　収支計算」のように調べてみましょう。調べるほどに、あなたのビジネス計算力がみがかれます。

いろいろな人に
アドバイスをもらおう

ビジネスはわからないことだらけ

費用は?

販売は?

お金の管理は?

材料は?

組織は?

売上は?

専門家の意見

先輩の経営者の意見

大人だって、有名経営者だって、実はわかっていないのです。
だから、人に聞いて、理解しようとすることが大切なのです。

わからないことは、素直な心で、専門家に聞く

　成功するベンチャー企業の経営者は、多くの人からアドバイスをもらっています。お金のこと、どうやって商品を売るか、仲間にはどうやったら気持ちよく働いてもらえるか……。自分たちだけでは、わからないことだらけなのです。だからこそ、

わからないことは、専門家に聞くことが大切です。

　お金のことは、銀行や、会計を専門としている税理士さんや公認会計士さんに。法律のことは、弁護士に。商品の売り方は、経営コンサルタントに。仲間との協力の仕方は、先輩の経営者に。20世紀の日本を代表する経営者で、現在のパナソニックを創業した松下幸之助は、成功の秘けつは「**素直**」にあると言いました。人の教えを素直に聞ける人が成功すると言っているのです。

素直な心が、仲間をつくる

　そうして、多くの人の話を素直に聞いていれば、その人々は、あなたに助言を与えるだけでなく、さまざまな支援もしてくれるでしょう。「この人は、良い人だな」「助けてあげたいな」そう思ってもらえたら、あなたの会社を支えてくれる輪ができあがってきます。やっぱり、会社経営の極意は、素直に人の話を聞けること、なのです。

一人ひとりの知識をつなぎ合わせよう

　大人や偉い人は、何でも知っているように見えるでしょう。しかし、実際は大人も知らないことだらけなのです。一人ひとりは限られた知識しか持っていません。それをつなぎ合わせて、人類は社会をつくりました。ビジネスだって同じです。

やってみよう！

「1〜2歳児のための歯ブラシ」
をデザインしてみよう！

　P42では、新商品をつくるために当事者に聞くことを紹介しましたが、ここで実際にチャレンジしてみましょう！　テーマは「1〜2歳児のための歯ブラシ」！　従来の発想にとらわれずに、自分なりのアイデアを出してみましょう！

ステップ >1<　観察やインタビュー、インターネットで調べて、情報をまとめましょう！

ネットで調べる

母親に聞く

子どもの行動を観察する

皆さんは、1～2歳児が、どれくらいの成長度合いで、歯が
どれくらい生えそろっているか、わかりますか？　弟や妹がい
たとしても、あまり正しくは、思い出せないはずです。わから
なければ、どうすればよいでしょうか？　ネットで調べる、人
に聞いたりしていきましょう。わからないまま進めても、絶対
に良いものはつくれません。

　情報を集めて、どういう歯ブラシが求められているのかを考
えてみましょう。下の表は、私なりにまとめたものです。ぜひ
皆さんなりに調べて、独自の調査結果をつくってみてください
ね！

歯みがき中の子供や周囲の人々が感じる課題

保護者にとって	乳幼児にとって
きれいにみがきたい	じっとしているのがつらい
飲み込まないようにしたい	つまらない
口を傷つけたりしたくない	口に入ってきて気持ち悪い
衛生的であってほしい	歯みがきがこわい
こわれにくい	
安いほうがいい	（地球環境にとって）
楽しく歯みがきしたい	環境に良いものであってほしい

情報をもとに、歯ブラシのデザインを考えてみ
ましょう！

　優れた工業デザイナーは、何百枚と新商品のデザインを描く
ことが知られています。皆さんも、1つだけでなく、いくつも
のアイデアを描いてみてください。

　また、ここでヒントです。歯ブラシは「棒の形」である必要
もないですし、「先に毛がついている」必要もありませんね。
これまでの形にとらわれずに、考えてみましょう！

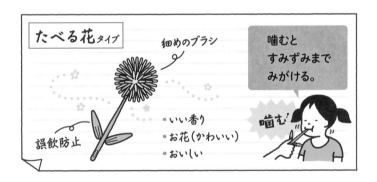

たべる花タイプ

細めのブラシ

噛むと
すみずみまで
みがける。

誤飲防止

・いい香り
・お花（かわいい）
・おいしい

噛む

　それでは、同じ課題を大学生が取り組んだときの回答例をお
見せしましょう。これは、花の形をデザインしたものですね。
花を食べるように口に入れれば自然と歯をみがける優れたアイ
デアです。歯ブラシを飲み込まないように誤飲防止のストッ

パーがついています。

　この他に、バナナの形をした歯ブラシのデザインもありました。こちらはバナナの皮がストッパーになっており、これも誤飲を防ぎ、また握りやすい工夫がされています。

　いかがでしたでしょうか。こんなふうに、たくさんのアイデアの中から、ヒット商品は生まれてくるのです。

第3章

買ってもらえる仕組み
をつくろう

買ってもらえる
仕組みをつくるとは、
どういうことだろう？

（マーケティング）

　どれだけ良いものを作っても、その商品・サービスのことを
みんなに知ってもらわないと、売れません。また、みんなが
「買いたい」と思ってくれたとしても、どこにも売っていない
のでは、やはり売れません。ビジネスが成功するかどうかは、
商品を買ってもらえる仕組み＝マーケティングをうまくやるこ
とができるかに、かかっているのです。

　ただし、マーケティングにはいくつかの大切な基本事項があ
ります。

　第1は、「必要でないものを、無理やり売りつけるのは、
マーケティングではない」ということです。マーケティングは、
本当に必要としている人に、商品・サービスの価値を正しく知
ってもらって、正しい価格で買ってもらうことです。いらない

と言っている人に、無理に買わせることは、決してあってはなりません。

　第2は、むやみに値下げをしないことです。会社がちゃんと存続していくためには、十分な対価が必要です。ちゃんと理由があって、ただでは商品・サービスを配るわけにはいかないのです。お客様に、その商品・サービスがとても価値のあるもので、皆で一生懸命つくっているものだと知ってもらって、正しい値段で売ることが、マーケティングの役割です。

　第3は、「面白いCM」をすることがマーケティングではない、ということです。皆さんがテレビやYouTubeを見ていると、とても面白いCMが流れてきて、面白いCMを出す会社はすごいなあ、と感じるかもしれません。ですが本来、CMは「会社や商品のことを知ってもらうためにやること」なのです。そのための手段として、面白いCMも効果的です。何が本当の目的で、何がその手段なのかは、間違えないようにしましょう。

お客様が、多いところをねらおう

本当にスポーツ飲料を必要としている人は?

ターゲティング

ペルソナ分析

- 10〜14歳くらい、男女両方
- スポーツクラブや部活動に熱心
- YouTubeが好き
- 社会問題に関心がある
- 一番仲がいいのはスポーツクラブの友達

お客様のねらいを定め、お客様をよりよく知る

一番買ってくれそうな人たちは、どんな人?

　マーケティングで一番大切なことは、「必要としている人」の中で、「最も人数が多いところをねらう」ことです。ターゲットを決めることから、これを**ターゲティング**といいます。

　例えば、ポカリスエットの場合はどうでしょうか。「必要と

している人」は、スポーツをしている人です。では、その中でも一番、たくさん買ってくれそうな人は、どういう人でしょうか？　育ちざかりで、毎日、たくさん運動する、小学校高学年や、中学生、高校生くらいが、一番、水分、塩分、糖分を必要としていますね。ですから、ポカリスエットは「スポーツをしている、小・中・高校生」をねらって、売られています。ポカリスエットのCMは、小・中・高校生が見るようなチャンネル・番組で、小・中・高校生の心をつかむような内容で放送されていますね。

たくさんお客様がいれば、大きな売上をあげられる

多くのお客様がいるところをねらう理由は、もちろん、より多くの売上をかせぐことができるからです。より多くの人の役にも立てることになるからです。自社のためにも、人の役に立つためにも、多くの人をねらうことが大切なのです。

ペルソナを分析する

もし、新商品・サービスのアイデアがあるなら、ぜひ、お客様の特徴（ペルソナといいます）を書き出してみましょう。年齢、性別、住んでいる所、仕事、家族、趣味、などなど。より具体的にできるほど、売るための作戦を立てやすくなります。

市場のデータを集めてみよう

専業主婦はお客様が多い有望な市場？
ネットで「専業主婦　人数」などで調べてみる

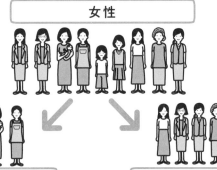

女性

専業主婦
人数：605万人
平均収入：0円

共働きの女性
人数：1521万人
平均収入：約300万円

資料出所：「労働力調査2022」

専業主婦は何人いる？

　皆さんは、『クレヨンしんちゃん』のみさえさんや、『ドラえもん』ののび太君のママのような「専業主婦」が、日本に何人いると思いますか？

　答えは、**2022年で605万人**です。これに対して、共働きの

女性は 1521 万人もいます、専業主婦のほうが少ないのです。

　また、働く女性の平均年収はおよそ 300 万円くらいです。専業主婦には収入がありませんから、もし大人の女性のための商品やサービスを売ろうと思ったら、専業主婦よりも働く女性をねらったほうが、成功する可能性が高いかもしれません。

事業をするときは、必ずデータを集める

　日本はデータ大国です。どんなデータもたいてい、インターネットで検索すればすぐに見つかります。「お客様は何人ぐらいいるか？」は、必ず数字を調べるようにしましょう。甘い予想だけで成功することは、絶対にありません。

　買ってくれそうな人々のことをまとめて「市場(しじょう)」といいます。ビジネスでは「その市場は本当にあるの？」とか「市場は十分に大きいの？」と、上司や取引先から質問されます。あなたはそれに答えなければいけませんから、データは必ず必要なのです。

ネットで手に入らないデータは、自分でつくる

　ネットで手に入らないデータもあります。例えば、「私が考えた商品が、本当に売れるか？」というデータはネット上にはありません。そのときは、自分たちでアンケートをします。手に入らないデータは、自分たちで集めるのです。

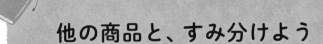

他の商品と、すみ分けよう

「自分の強みは何か？」を調べよう

Company（自社）	**Customer**（お客様）	**Competitor**（競合企業）
自社のことを分析	お客様のことを分析	競合企業のことを分析
〝 自分たちに、 何ができるか 〟	〝 誰に売るか 〟	〝 他社は何をしているか →自分たちだけにできる ことは何か 〟

自分たちは 自動運転車をつくる ことができる！	安全な自動運転車 が欲しい	競合は高級な スポーツカータイプの 自動運転車をつくっている

自分の強みは高齢者向けの安心安全で
安い自動運転車を提供できること

競合のいないところを目指す

　市場が大きいからといって、事業がうまくいくわけではありません。競合商品があるからです。トヨタと日産、任天堂とソニー、セブン‐イレブンとファミリーマートのように、同じ市場を取り合っている会社を**競合企業**といいます。

　競合企業がたくさんいるところは、もちろん、もうけにくい市場です。なるべく、競合企業が少なかったり、弱小だったりするところをねらったほうが、事業は成功しやすくなるでしょう。

3C分析

　マーケティングを考える時には、3つのCをまず考えなさい、とよく言われます。**3C分析（さんしーぶんせき）**と呼ばれています。最初のCは、Company（カンパニー）、自分の会社のことです。「自分たちに、何ができるか」。次のCは、Customer（カスタマー）で、お客様のことです。「大きな市場はどこか」。最後のCはCompetitor（コンペティター）で、競合企業のことです。「ライバルが少ないのはどこか」。この3つのCを考えて、自分たちがねらう市場をどこにするかを決めるのです。

2軸図にしてみる

　競合の分析の方法として、2軸図がよく知られています（右図）。自社とライバルの特徴を2つの軸で分け、チャンスを見つけるのです。

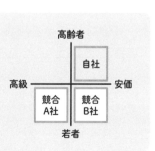

商品の売り方を考えるときの「4P」

小学生女子に売るなら、どんな商品にする?

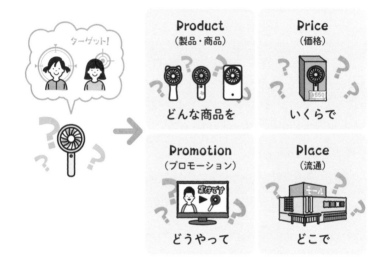

ターゲット!

Product (製品・商品)
どんな商品を

Price (価格)
いくらで

Promotion (プロモーション)
どうやって

Place (流通)
どこで

新作ハンディ扇風機、どうやって売る?

　最近の夏の必需品、ハンディ扇風機。皆さんは、小学生向けの新商品を開発しているとします。皆さんだったら、①どんなデザインで、②いくらで、③どこで売りますか?　また、その商品を知ってもらうために、④どんな方法で宣伝しますか?

その一例を挙げます。女の子向けの、パステルカラーで、軽くてかわいいデザインの商品を、550 円で、ショッピングモールの雑貨屋さんで売る。知ってもらうために、みんながよく見る YouTuber に使ってもらう。

マーケティングの 4P

今考えてもらったこの 4 つのことがらは、**マーケティングの 4P として知られるものです**（Product：製品・商品、Price：価格、Place：流通、Promotion：プロモーション）。商品・サービスを売るときは、必ずこの 4 つを考える必要があります。

その第一歩は、Product（プロダクト）つまり商品・サービス。親しみやすくて使いやすいデザインにすることも、売るためにはとても大切なことです。

次のページからは、残りの 3 つの P を、順番に考えていきましょう！

必ず、ねらう市場を決めてから 4P を決める

ハンディ扇風機を、小学生の女子に売るときと、高校生の女子に売るのでは、4P は全く違うものになりますよね。これは、マーケティングの鉄則です。必ず、ねらう市場を決めることが先。4P は、その次に決めます！

いくらだったら、
買ってくれるだろう？

商品をいくらで売る？

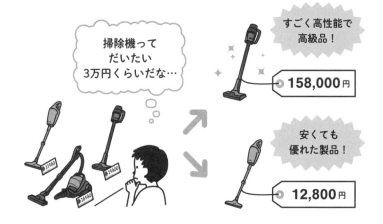

掃除機って
だいたい
3万円くらいだな…

すごく高性能で
高級品！

158,000 円

安くても
優れた製品！

12,800 円

まずは、似ている他の商品・サービスの値段を調べる

 他の商品・サービスが、いくらで売れている？

　商品の値段は、どうやって決めたらよいのでしょうか。最初にやるべきことは、同じような商品が、いくらで売られているのかを調べることです。

　実は、これはとっても科学的なやり方。ものの値段は、世の

中の人が「だいたい、これくらいかな」というイメージで決まってくるのです。**この商品・サービスの機能にはいくらの値段がつけられる、という理論は存在しないのです。**イメージが、値段を決めているのです。

 ### 自分たちの商品を、どういう値段で売る？

ですから、皆さんが商品やサービスの値段を決めたいなら、まずは**「他の商品はいくらぐらいで売っているか？」からスタート**です。そして、これくらいの値段だと「高い」、これくらいだと「ふつう」、これくらいだと「安い」んだな、という値段のイメージを学びましょう。

そして、自分たちの商品・サービスを、お客様にどう思ってもらいたいのかを考えます。性能や品質に自信があれば「高い」ものとして売るのがよいでしょう。逆に、こんなに「安い」のに、とてもいい品ですね、という売り方も作戦の1つですね。

値段設定で成功した、ダイソンの掃除機

掃除機は、だいたい3万円前後くらいで売られています。しかし、イギリスのダイソンは6万円以上の値段で売り、成功しました。「そんなに高いなら、すごいに違いない」と、値段でお客様に商品のすごさを伝えたのです。

宣伝はどうやるの？

宣伝は4種類

認知 Attention	興味 Interest	欲求 Desire	購入 Action

テレビCMで 知ってもらう	記事や番組で 関心を高める	YouTube実況で 面白そうと 思ってもらう	おもちゃ屋の 店頭ポスターで 買おうと決める

英語の頭文字をとって、AIDA（アイダ）モデルとも呼ばれる

多くの商品・サービスは「誰にも知られずに消える」

　日本で2021年に公開されたアプリは全部で200万種類をこえるそうです。あなたはそのうち、いくつ知っていますか？世の中の大半のアプリは、多くの人に知られることなく、消えてゆきます。アプリに限らず、どんな商品・サービスも、知ら

れる前に、消えるもののほうが、はるかに多いのです。

４種類の宣伝を、組み合わせる

だから、ビジネスでは宣伝が大切になります。**宣伝は、大きく分けて４種類あります。**

① 認知…存在を知ってもらうための宣伝

② 興味…興味をもってもらうための宣伝

③ 欲求…欲しいと思ってもらうための宣伝

④ 購入…買ってもらうための宣伝

例えば、ゲームの新作を出すときには、①知ってもらうために、テレビや YouTube でコマーシャルを流します。次に、②番組やコミックの記事で、新作の特徴を説明します。さらに、③ YouTuber にゲーム実況をしてもらって、「欲しい！」という気持ちをかきたて、④最後におもちゃ屋の店頭ポスターやチラシで、買おう！と心を決めさせるのです。

宣伝に必要な、データ分析能力

最近、宣伝の仕事では、データ分析の力が大切になっています。YouTube を見ているときに、「欲しいな」と感じる宣伝が流れてくるのは、皆さんの視聴情報を分析して、ぴったりの宣伝を流す仕組みがつくられているからです。

3

買ってもらえる仕組みをつくろう

どこで売れば、買ってもらえるの？

お客様に合った売り場を選ぼう

ショッピングモール　イベントの露店　商店街　営業マンが販売　お客様はどこで買いたいのか？　工場で買う　コンビニ　専門店　ネット通販

 売り場所選びは、ビジネスの成功・失敗を左右する

　皆さんが子ども服の会社を経営していたら、どこで売りますか？　ショッピングモールですか？　デパートですか？　それともインターネットで売りますか？

　売り場所を正しく選べたかどうかは、成功・失敗に大きく影

響します。日本でも有数の事業の成功者として知られる前澤友作さんは、日本でいち早く、インターネットで洋服を販売するゾゾタウンという事業を始めたことで、個人資産で2000億円をこえるお金を手にしています。

 ## 欲しいと思った時に、買える場所を選ぶ

では、どうやって売り場所を決めればよいのでしょう？　基本的な考え方は、「みんなが欲しいと思った時に、買えるようにする」です。ジュースの自動販売機を置くなら、体育館の中。ラーメン屋さんなら、オフィス街や大学の近く。ポップコーンを売るなら映画館ですね。

年々、あらゆるものがインターネットで売られるようになっていることも、知っておきましょう。ゾゾタウンの前澤さんだけでなく、アマゾンをつくったジェフ・ベゾス、日本では楽天をつくった三木谷さんなどの多くの成功者が生まれています。

現実とネットの融合が、経営学の最先端

学者たちは、あらゆるものがネットで売られる時代が来ても、現実のお店がなくなるわけではない、と考えています。現実のお店に出かける楽しみは変わらず、そこでお客様を楽しませることで、ネットでの販売にもつながると考えられています。

それって、本当にやりたかったことだったっけ？

個別で考えたらバラバラの4P

「小学生高学年女子が使いやすいスマホ」で統一する！

4つのPがちぐはぐではないですか？

　ねらうお客様を定め、その人に合うように商品・サービス、値段、宣伝、売り場所を決めてきたわけですが、ここで一度、振り返ってみましょう。それって、**本当に自分たちがやりたかったことに、なっていますか？** また、4つのPがちぐはぐに

なってしまっては、いませんか？

　実は大人のビジネスでも、この問題はよく起こってしまうのです。もうかりやすいように、もうかりやすいように、と工夫しているうちに、すっかり元のアイデアからズレてしまうことがあります。もともと、地方の女性に安い商品を届けるつもりだったのが、都心の男性に高級品を売ってしまっていたことだってあるのです。

 ## 自分たちのやりたいことに沿って、整える

　はじめのアイデアとズレていても、「もうかるなら、まあいいや」というのもアリです。結局、売れているなら、お客様の役には立てているわけですから。

　しかし、もしあなたが強い思いを持って事業を始めたのなら、「もうかれば、何でもいいのか？」と、考え直さなければいけませんね。改めて、**自分たちがやりたかったことになっているかを最後に見直して、マーケティングは完成です。**

マーケティングの一貫性

　ここで説明したことは、「マーケティングの一貫性」と呼ばれます。一貫性とは、ねらうお客様と、４つのP、全てがきちんと同じ考え方で、揃っていることです。ちぐはぐだと、マーケティングはうまくいかないのです。

マーケティングは「何度もチャレンジ」が正解

マーケティングは何度も工夫して、挑戦するもの!

| 1960年代 日本 | 1980年代〜 |

炭酸飲料を
飲む習慣がない

日本の習慣に合わせた
製品をつくった

 あの有名な会社も、失敗している

　1960年ごろ、アメリカから入ってきたばかりのコカ・コーラは、日本で全く売れませんでした。何が入っているともわからない真っ黒な炭酸飲料を、日本人は怖がったのです。

　そこでコカ・コーラは、コーヒーのジョージアや、スポーツ

飲料のアクエリアスを売ることにしました。そして、いかにもアメリカ風に売るのではなく、日本の人が好むデザインや、宣伝に変えたことで、少しずつ受け入れられていきました。

バイクをつくっているホンダは、かっこいい大型バイクでアメリカに進出しましたが、全く売れませんでした。そこで、小型の「スーパーカブ」に変え、格好よさではなく楽しく明るい様子を強調して、成功しました。

 ## 考え方を変えて、何度も試してみる

今ではコカ・コーラは日本最大級の飲料メーカーですし、ホンダは北米トップのバイクメーカーです。**どんな会社も、何度もねらうお客様や4Pを変えて、試してみる中で、成功をつかむのです。**

多くの人は、1回の失敗で、事業をあきらめてしまいます。でも、マーケティングは1回で成功することはほとんどありません。ですから、何度もチャレンジをするのが、正解です。

テストマーケティング

何度もチャレンジするためには、1回1回を「小さく始める」ことが大切です。まずは1店だけとか、1地域だけとか、お試しでちょっと売ってみるなどして、様子をみる。この小さく試す方法を、テストマーケティングといいます。

やってみよう！

身近な商品の3C分析・4P分析を してみよう！

　商品・サービスを考えたら、まずはそれを売るための基本戦略を3C分析で立てます。次に、具体的な製品・価格・売り場所・宣伝を4Pとして計画します。皆さんの身近な商品で、3C分析、4P分析をやってみましょう！

ステップ >1< 3C分析を行って、誰に、どのように売るかを考えてみましょう！

　下のそれぞれについて考えて、[　]の中に書き込んでみましょう！

選んだ商品・サービス [　　　　　　　　　　　　　]

Company：自分たち（選んだ商品・サービスの会社）に何
　　　　　ができるか？[　　　　　　　　　]

Customer：大きな市場はどこか？[　　　　　　　　　　　]

Competitor：ライバルが少ないのはどこか？
　　　　　　　[　　　　　　　]

ステップ 2 ステップ1で取り上げた商品の4P分析を考えてみましょう！

4P分析にもとづいて、[　]の中に書きこんでみましょう！

Product：どんな商品・サービスか？［　　　　　　　　　］

Price：いくらの値段で売られているか？［　　　　　　　　］

Place：どこで買えるか？　　　　　［　　　　　　　　　　］

Promotion：どうやって宣伝しているか？［　　　　　　　　］

　これが、基本的なマーケティングの考え方です。まず3C分析をしてから、それを4Pで基本的な計画を立てて形にするのです。

　皆さんも、身近な商品・サービスでぜひ練習してみてください。

　それができたら、皆さん自身の新商品・サービスでもチャレンジしてみてもらえたらと願っています！

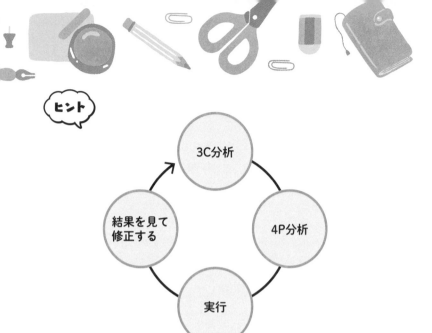

（回答例）

　ユニクロの場合を考えてみましょう。

　Price：安いけれど、「ひどい安売り」になりすぎないよう
　　　　　にする

　Place：大型の店で販売する

　Promotion：全ての人の目にふれるよう有名なタレントを起
　　　　　　　用したテレビ CM を放送する

　品質が高く、安い商品を提供できることが自社の強みであり、
理念でもあります。この理念のもとに、老若男女、全ての人を

お客様としようとしています。競合するのは、もっと高い値段で、ファッション性の高い服を売る会社です。こうした会社とははっきりと違う服を作って、すみ分けることで、ユニクロは成功してきたのです。

　3C分析に沿って、値段は安く、よい品質で標準的な服を売る。売り場所は、みんなが集まるショッピングモールや街中の大型店。宣伝は、全ての世代の人が見るように、有名タレントを起用して、テレビCMをするのがよいでしょう。

第4章

お金の流れと
使い方を知ろう

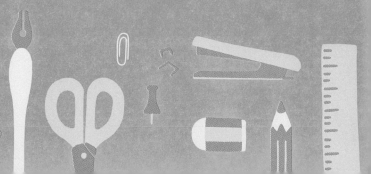

会社を継続させる
お金の流れと
使い方を学ぼう

（会計学）

　会社の中では、いろいろなお金の流れがあります。そのお金の流れをちゃんと知っておかないと、いつのまにかお金がなくなって、会社を続けていけなくなる状態である「倒産」ということになってしまうかもしれません。

　この倒産という状態は、外側からは、わかりにくいものです。倒産する会社の中には、すごく売れていて、お金ももうかっているようだけど、いろいろな支払いをしたら、実は全然もうかってなかった……ということもあるのです。また、お金の使い方にも、ルールをつくっておいたほうがいいですね。誰かが、よくない使い方をしてしまわないように、事前にルールを決めておくのです。会社のお金がどうなっているかを知り、正しい使い方を決めていくことも、やはり会社をできるだけ長く続け

ていく経営にとって大切なことなのです。この章では、お金の流れや、会社の中での正しいお金の使い方を教えてくれる「会計学」という科目を、学んでいきます！

　会計学を理解するためのカギは、「会社をめぐっては、2種類のお金の流れがあること」を知ることです。皆さんから見ると、会社のお金の流れは、商品やサービスを提供するためにコストをかけて、それを超える売上をかせいで、利益を出すもの……というように見えるでしょう。それは、会社をめぐる2種類のお金の流れのうちの1つにすぎません。もう1つの流れがあるのです。

　会社をつくるためには、莫大なお金がかかります。建物や土地を手に入れたり、人を雇ったり、新しいことを始めるたびに、数百万円、ときには数億円のお金がかかってくるのです。

　このお金を、投資家や銀行から集め、利益が出れば、その人たちに戻していく……という第2の流れがあるのです。経営者は、この2つの流れを管理する必要があります。

　2つのお金の流れをまとめたものが、それぞれ、損益計算書と、貸借対照表です。会社には、2つのお金の流れがあることを頭に入れて、次のページから読み進めてみてください！

お金の出入りは、必ず計算しよう

お金のチェックはみんなのため

大丈夫か？　従業員

大丈夫か？　取引先

大丈夫か？　投資家・銀行

会社の財務状況

大丈夫か？　お客様

株式会社

チェックしないともうかっているかどうかも、
誰かがこっそり使っているかもわからない

いつの間にか、悪用されていたり、お金がなかったり

　ニュースを見ていると、会社のお金を悪いことに使って、たい捕される人が、時おり出てきますね。こうしたことが起こってしまうのは、他の人が、会社のお金をチェックしていないからです。

また、悪いことに使っていなくても、実はもうかっていなかった、すごい赤字……ということもありますね。

会社のお金の出入りをちゃんと知っておくことは、会社を経営するときに非常に大切なことです！

お金の状態は、全ての関係者に報告する必要がある

会社のお金の出入りをチェックするのは、経営者のためだけではありません。会社は銀行や投資家からお金を集めて事業を大きくしますから、この人たちに、会社の経営状況を、報告しなければいけません。

また、会社の取引先や、お客様も、会社の経営が危なくないかどうか、不安に感じる人もいます（会社が倒産したら、取引先も困りますし、お客様は商品の不具合を直してもらえなくなったりします）。ですから、**会社に関わる全ての人のため、会社のお金の状況は、定期的に報告する必要があるのです。**法律では、年に１回のその年の収支や資産状況を計算する**決算報告**が義務付けられています。

決算報告でズルをするのは、犯罪！

会社のお金の状況は、どうしても良く見せたいものです。しかし、決算でズルが許されたら、誰も決算報告を信じなくなってしまいます。ですから、決算報告でズルをする**粉飾決算**は、法律で厳しく取りしまられています。

決算① どれくらい利益が出た？

売上や利益、コストがわかる損益計算書

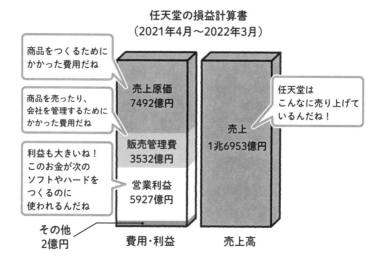

任天堂の損益計算書
（2021年4月〜2022年3月）

商品をつくるために
かかった費用だね

売上原価
7492億円

商品を売ったり、
会社を管理するために
かかった費用だね

販売管理費
3532億円

利益も大きいね！
このお金が次の
ソフトやハードを
つくるのに
使われるんだね

営業利益
5927億円

その他
2億円

費用・利益

任天堂は
こんなに売り上げて
いるんだね！

売上
1兆6953億円

売上高

売上と、費用の計算が第一歩

　決算報告でまず大切なことは、どれくらい利益が出たかです。
まずは、1年間でどれだけの売上をかせいだかを、計算します。

　次に、1年間でどれだけお金を使ったかを計算します。**商
品・サービスを「つくる、行う」ためにかかった費用・売上原**

価と、商品・サービスを「管理し、届ける」ためにかかった費用・販売管理費に分けて計算します。

　売上から費用を引いた金額が、プラスならば営業利益、マイナスならば営業損失となります。

損益計算書

　この、売上、費用、利益（損失）をまとめたものを、**損益計算書**といいます。企業の会計で、一番大切な書類の１つです。

　損益計算書を見れば、その会社がもうかっているのかは一目でわかります。もし、損失が出ているか、利益が少ないときは、どの費用をけずるかを考えます。売上原価が高いのは、材料や部品の費用や、サービスをする人の人件費が高いためです。販売管理費が高いのは、会社の管理をする部門が大きすぎたり、宣伝や物流にお金をかけすぎたりしたからです。

トヨタ自動車は、世界一、費用削減（さくげん）がうまい

　世界最大級の自動車企業のトヨタ自動車は、毎年1000億円以上も費用を削減します。30年続ければ、3兆円です。トヨタ自動車は毎年3兆円くらい利益をあげますが、その秘けつは費用削減のうまさであることが、世界的に知られています。

決算②預かったお金、ちゃんと管理してる？

お金をどこから集めて、どう使っているかが貸借対照表

任天堂の貸借対照表
（2021年4月～2022年3月）

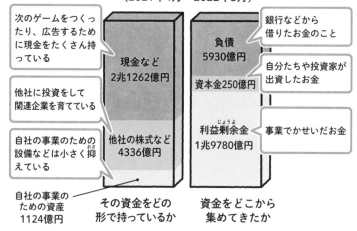

次のゲームをつくったり、広告するために現金をたくさん持っている

他社に投資をして関連企業を育てている

自社の事業のための設備などは小さく抑えている

現金など
2兆1262億円

他社の株式など
4336億円

自社の事業の
ための資産
1124億円

その資金をどの
形で持っているか

銀行などから
借りたお金のこと

自分たちや投資家が
出資したお金

事業でかせいだお金

負債
5930億円

資本金250億円

利益剰余金
1兆9780億円

資金をどこから
集めてきたか

 どれだけお金を集めたか。何に使ったかを報告する

　損益計算書と並ぶ、会社の会計で最重要な、もう1つの書類は、**貸借対照表（たいしゃくたいしょうひょう）**と呼ばれるものです。こちらは、会社を経営するために、皆さんから預かったお金を、どう使ったかを説明するものです。

　会社を大きくしようと思ったら、銀行からお金を借りる「融資（ゆうし）」か、投資家からお金を出してもらう「出資（しゅっし）」で、お金を集めます。このお金を使って、工場や販売店を建てたり、ITシステムをつくったり、時には他の会社を買収したりして、会社を育てるのです。

　貸借対照表の右側には、誰から、どのくらいお金を集めたのかを、融資と出資に分けてまとめます。一方、左側には、その集めたお金を何に使ったかを書きます。こうして、**「皆さんから、どれくらいお金を集めて、それをどう使ったかの報告書」**である、貸借対照表が出来上がります。

 ## お金の、効果的な使い方をみんなで議論する

　お金を出した人たちは、貸借対照表を見て、お金の使い方をチェックし、助言や議論をします。「悪いことに使っていないか」だけでなく「もっと良い使い方はないか」も考えます。

会社が現金をたくさん持っているのは、良いこと？

　皆さんは、現金がたくさんあったら、うれしいですね。しかし、会社の場合は違います。会社は、預かったお金を「増やす」のが仕事。お金は事業などに使われるべきです。大金が使われず残っていても、良くないとされることがあります。

お金に基づいて、経営計画を立てよう

予算計画を立てる

過去の実績から年間の予算計画を立てる

毎月、計画通りかどうか確認して、議論する

過去の報告だけじゃなく、未来の計画も立てる

去年の決算とともに、会社は次の1年間の経営計画を立てて、再スタートします。次の1年の計画は、前年の決算ありきです。前年の成績が良くなかったら、まずはその改善から。前年の成績が好調だったら、その好調を維持したり、もっと成長したり

できるよう計画を立てます。

 会社の経営は、予算に基づいて行われる

　このときには、**1年分の予算を立てます**。予算では、毎月、どれくらい売り上げ、どれくらい費用が発生していくかの予想を立てます。また、年内にいつ銀行に返済しなければいけないとか、逆に年内に銀行や投資家からいつ資金を調達できるかも予定を立てておきます。会社の中では、**経理**という仕事の人が、これを計画しています。

　次の1年の事業がスタートしてからは、毎月、予想通りになったかどうかをチェックします。予想よりも悪い場合には、すぐに対応策を立てなければなりません。逆に、予想より良い場合にも、会社は対策が必要になります。好調が続いたら、商品がなくなってしまったり、人材が不足したり、追加的にお金が必要になるかもしれないからです。

予算管理

　ここで紹介したものは、**予算管理**と呼ばれるものです。会社は毎年、予算を立てて、定期的にチェックをし、対策を行い、最後に決算、そしてまた次の年の予算を立てる……という予算管理のサイクルで、事業を営んでいます。

お金の使い方の、ルールを決めよう

お金の使い方のルールを決める

お金の使い方の ルールを決める

☑ 全部で〇〇円まで使っていいです

☑ どういう理由で使うのか、
　必ず上司に説明し、許可をもらう

☑ 使ったら報告すること

最近は、
会社のシステムで、
みんなが使ったお金を
一元管理します

使い方を決めておかないと、不公平が出たり、変な使い方を
してしまったり、悪用されてしまうこともあるかもしれない……

ムダ使いをしないためには、ルールをつくること

　会社の活動の中では、いろいろな場面でお金がかかります。
宣伝をするときも、ものをつくるときも、電車や車を使うのに
だって、社員が必要な資料を買うのにだって、お金がかかり
ます。

> ・毎月〇円までは、部門で自由に使ってよい
>
> ・〇円以上の出費については、上司に報告し、許可をもらう
>
> ・会社のお金で買ってよいものは、〇〇、××、△△に限る
>
> ・お金を使ったら、必ず会社に報告する

　ムダ使いを防ぎ、みんなが公平にお金を使えるようにするためには、上のようなルールが、必ず必要になります。**誰かが、いつの間にか、ばく大なお金をムダ使いしていたら、会社が傾いてしまうかもしれません。**

お金の管理には、コンピュータが使われる

　お金の出入りは、現在ではコンピュータで記録することがほとんどです。コンピュータに記録していけば、会社や部門のお金が、あとどれくらい残っているか計算してくれますし、最近ではどういう費用が多いとか、改善案を出してくれることもあります。コンピュータでお金の管理や計算をする技能も、とても大切な技能になります。

簿記（ぼき）

　会社のお金を正しく計算するための技能は、簿記と呼ばれます。日本では日商簿記検定という資格があり、入門となる簿記3級は、毎年、小・中学生の合格者も出ます。150 時間くらい勉強が必要で、簡単ではないですが、目指すのもいいかも？

事業の売上・費用の構造を知っておこう

ラーメン屋さんの収支

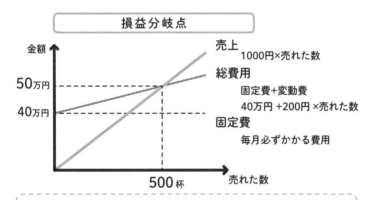

損益分岐点

金額

売上
1000円×売れた数

総費用
固定費+変動費
40万円 +200円 ×売れた数

50万円

40万円

固定費
毎月必ずかかる費用

500杯

売れた数

 500杯売れると、売上は50万円（1000×500）。
費用は固定費40万円と変動費（200×500）で50万円。
毎月500杯以上売れれば利益が出る。

どれだけ売れば、利益が出る？

　あるラーメン屋さんは、一杯1000円で売っています。ラーメンの売れた数と、売上の関係をグラフにすると、どんなふうになるでしょうか？　そして、そのラーメン屋さんは、毎月、家賃や人件費で、40万円かかります。また、一杯あたりの原材

料費は 200 円です。ラーメンの売れた数と費用の関係は、どんなグラフになりますか？

　まだ習ってないな、ちょっと難しいな、という人も図を見てみてください。まだわからなくても、大丈夫ですよ！

損益分岐点を確認しよう

　売上のグラフがオレンジ線、費用のグラフが灰色線ですね。ラーメンがたくさん売れるほど、オレンジ線が灰色線に追いついていって、500 杯をこえると、オレンジ線のほうが上にきます。つまり、500 杯をこえると、売上が費用より多くなって利益が出るのです。この、損と利益の境目になる点のことを、**損益分岐点（そんえきぶんきてん）**といいます。

　事業を行うときには、この、売上と費用の関係を必ず分析します。数字を変えてみると、グラフの傾きや損益分岐点も変わります。どうなると、もうけやすくなるのか、赤字になりやすくなるのか、グラフを使うととてもわかりやすいのです。

固定費と変動費

　費用は大きく分けて 2 種類あります。家賃や人件費のように、毎月、一定でかかる費用は、固まっているので「**固定費**」。原材料など、売れれば売れるほど増える費用は「**変動費**」。この 2 つに分けることが、事業をお金で管理するときの基本です。

事業の収支を改善しよう

もっと利益があがるようにするには?

① 売上を上げる

② 費用(損益分岐点)を下げる

販売数量を
増やす

製品単価を
上げる
(値上げ)

◎ 1,250円

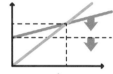

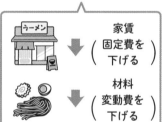

家賃
(固定費を
下げる)

材料
(変動費を
下げる)

 利益アップの作戦を考えよう!

　前のページから続いて、ラーメン屋さんで考えてみましょう。
事業の、売上と費用がどういうグラフになるかがわかったら、
より利益が出るようにするための作戦が、いくつか見つかるの
ではないかと思います。皆さんなら、どんな作戦が思いうかび

ますか？

売上アップの作戦

- 宣伝を頑張って、販売する個数を増やす
- もっとおいしいラーメンにして、値段を上げる

費用ダウンの作戦

- 家賃や人件費を減らして、固定費を下げる
- 安い材料を仕入れて、変動費を下げる

一番効果の大きいところから手をつける

これが、利益を改善する作戦の基本4パターンとなります。自分たちの事業の売上・費用グラフを見て、一番効果的に見えるところから改善していくのがよいでしょう。小さな積み重ねも、とても大切ですが、**一番大きな問題から解決する**のが、会社や社会を良くするための鉄則です。

追加の商品を買ってもらう

実際のラーメン屋には、ギョウザやジュースなどのいろいろなメニューがあります。ラーメンだけでなく、お客様全員がギョウザ1皿買ってくれたら、大幅に売上アップしますから、これも経営改善の作戦です。

費用を減らしすぎない
ようにしよう

費用ってなんだ？

人件費

物流費

材料費

水道・光熱費

費用は、働いてくれた人や、協力してくれた業者への正当な対価。
きちんと支払うことで信頼関係ができ、いっしょに頑張（がんば）っていく
体制ができる。支払いを減らして、あなたの会社がもうかっても、
それは他の人を苦しめているだけかもしれない。

支払いを減らせば、利益は簡単に得られる

　もうけるために、とっても簡単な方法があります。**働く人の**
給料を安くしたり、原材料の購入費を減らしたり、物流費をケ
チったりして、支払いを減らしていけばいいのです。

　しかし、それを続けていくと、どうなるでしょう？　皆さん、

考えてみてください。

 成功する事業は WIN-WIN

安い給料で働かせすぎたら、人はつぶれてしまいます。あの会社はブラックだと、人々のうわさにもなるでしょう。

取引先も同じです。原材料費や物流費を減らして、取引先をいじめていては、あなたの会社と付き合ってくれなくなります。

会計の数字ばっかり見ていると、ついつい、もっともうけるために費用をケチろうとしてしまいます。でも、その結果、数字では見えない、**信頼（しんらい）という会社の大切な資産を失っているのです。**

長く続く事業は、お互いにもうかる、つまり、お互いが勝利（英語で WIN）できる付き合い、という意味で WIN-WIN（ウィン・ウィン）が大切だとされます。自分だけもうけるのでは、長くは続かないのです。

見えざる資産

会計では、数字で見えるものを追いかけます。しかし、信頼のように、見えないけれども会社にとって大切な「**見えざる資産**」も、たくさんあるのです。ブランドイメージや、ものづくりの能力などです。見えざる資産を育てる経営が大切です。

大きなお金を使うときは、回収計画を考えよう

投じたお金の元をとるために、いくつかプランを考える

A

費用：5億円

売上見込み：3年後に10億円

失敗する可能性：高い

B

費用：1億円

売上見込み：3年後に2億円

失敗する可能性：低い

C

費用：3億円

売上見込み：3年後に8億円

失敗する可能性：中くらい

 その作戦、ちゃんと資金回収できますか？

　会社が大成功して、「よし！　次はアメリカ進出だ！」となることもあるでしょう。そうした大きな作戦（戦略）を実行するときには、ばく大なお金がかかります。

　そうしたときには、**必ず、どれくらいで回収できるか、計画**

を立ててみましょう。アメリカ進出に5億円かかるとしたら、どのくらい費用がかかり、どのくらい売上が見込めて、どのくらい失敗する可能性があるのかを分析してみるのです。

　取り返しのつかないことにならないよう、「きっとうまくいくだろう」と考えるのではなく、なるべくクールに、うまくいかなかった場合も考え、会社が傾かないかどうか、確認しておくのです。

回収計画に沿って、案を選ぶ

　会社の中では、こうしたさまざまな新戦略のアイデアが出てきます。どの新戦略が一番利益になりそうか、失敗しにくいのはどれか……と、**回収計画を比べ、今の会社にとって一番必要なものを選ぶ**のです。

リスクも考える

　リスクとは、「危険」を意味する言葉です。新戦略を1つ選ぶときには、費用の大きさ、利益の大きさだけでなく、そこにあるリスクの大きさ、すなわち**失敗する可能性も、考える必要があります**。

やってみよう！

身近な事業の売上や費用を
計算してみよう！

　この事業はどのくらいの売上になるかな？　どのくらいの費用になるかな？　それを推測する能力は、練習をするほどに高まります。皆さんも、街中で見かけたいろいろな事業や、自分で考えた事業の、毎月の売上や費用を計算してみましょう！

　現代では、インターネットで調べれば、たいていの事業の売上・費用がわかります。まずは自分で計算してみて、そのあとで答え合わせをしましょう。

ステップ > 1 < 気になった事業の毎月の売上を
計算しましょう！

　売上の計算は、まずは式を考えることです。どういう式になるでしょうか？　ここでは、YouTuber を考えてみたいと思います。皆さんも式を考えてみてください！

　YouTuber の売上の式

　売上　＝　動画本数　×　１本あたり視聴数　×　１視聴あ

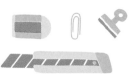

たりの収入

　YouTuber の場合は、こんな感じの式でしょうか。そして、ここに数字を入れることで、推測ができるのです。

　次の数字を式に当てはめて、YouTuber の売上を計算しましょう。

　1 カ月の動画本数 15 本、1 本あたりの視聴数 10 万回、1 視聴あたりの収入 0.7 円とした場合

[　　　] × [　　　] × [　　　] = [　　　]
　動画本数　1 本あたり視聴数　1 視聴あたり収入　売上

ステップ ≥2≤ **ステップ1で取り上げた事業の費用を考えてみましょう！**

　費用の考え方も同じです。まず、式を立ててから、その式の中に数字を入れていくのです。

　YouTuber の費用の式

　費用　=　（脚本・演出作成費用　+　撮影スタッフ費用　+　編集スタッフ費用）×動画数

　次の数字を式にあてはめて、YouTuber の費用を計算しましょう。

　脚本・演出作成費用　1 万円、撮影スタッフ費用　1 万円、

編集スタッフ費用　1万円、動画数15本

　ステップ1では、毎月105万円になりました。視聴回数や広告収入の金額で売上は変わるでしょうが、だいたいYouTuberとはこのくらいかせげるのだな、という感覚をみがくことが大切です。

　ステップ2の計算をすると、費用は合計45万円となりました。売上からこの費用を引くと、利益は60万円となります。

　こうした計算を練習していくだけでも、世の中のことがよくわかってきます。ぜひ、あなたの気になるいろいろな事業で、計算をしてみてください！　ちなみに、こうした「式を立てて、そこに数字を入れていく」推定方法のことを、フェルミ推定といいます。ビジネス力をみがくためのトレーニングとして、大学生も就職活動のときなどに練習します。

第5章

たくさんの仲間と
協力しよう

たくさんの仲間と協力する ために心がけたいことは どんなことだろう？

（組織論）

　どんな事業も、1人で営めるわけではありません。多くの仲間たちとともに、協力し、手分けをしながら成功を目指していくものです。経営学には、仲間たちとの協力のやり方についても理論がつくられています。その名も「組織論」。組織をどうつくるか、仕事をどう分担するか、組織が長続きするにはどうしたらよいか……そうしたことについても、成功の秘けつがあるのです。仲良く頑張るだけではうまくはいかないということなのです。皆さんにはぜひ「組織論」も学んでもらって、上手に他の人と協力できるようになってもらいたいです。

　この社会は組織で成り立っています。そして、この地球上に生きる人間のほとんどの人が、いくつもの組織に参加して、生活をしています。皆さんも、家族、学校、スポーツクラブや塾、

友達のグループなど、たくさんのグループに入っているはずです。そしてあなたは、それぞれのグループで違う顔を見せているはずです。家族と話すときのあなた、学校のクラスでのあなた、スポーツクラブや塾でのあなたは、別人のように振る舞っているはずです。

　組織が変わると振る舞いが変わるのは自然なことです。良い組織なら、人々は思い切って行動できますが、悪い組織なら、人々はいしゅくしてしまったり、言いたいことも言えなくなったりします。私たちは皆、組織の中で生きていくのだから、なるべく、皆にとって心地よい、素敵な組織がつくられたほうが、世界は幸せになります。皆さんには、人々がそこにいてうれしい、幸せだと思えるような組織をつくるための方法を、学んでもらいたいと思います！

大きな仕事は、分業と調整で進める

分業とは？

1人だと	10人だと

※仕事をスムーズに
するには調整も大事

鉄製のピン

1日20本

1日4万8000本生産

分業は、生産性を大きく高める

　1人でやり切れないほどの仕事は、他の人と分担することになります。これを**分業（ぶんぎょう）**といいます。18の工程からなる「ピン」作りを、1人で全てやろうとしたら、1日20本しか作れません。しかし、これを10人で分業したら、4万

8000本つくることができたことが知られています。

　これが分業の力です。**18の工程を全部覚えて、1日の中で何度も異なる種類の作業を変えていては、1人ができる仕事の量（生産性）は、なかなか上がらないのです。**でも、10人で分業すれば、①一人ひとりが技能を高めて、専門家になれる上に、②作業を変える手間が減ることで、生産性が高まるのです。

　さらには、1つの仕事を深めていくと、③より良い方法の開発が進み、それによっても生産性が高まるのです。

調整も必要

　生産性を上げるために、もう1つ必要なのが、**調整**です。調整とは、お互いの作業が上手にかみ合うようにすることです。10人で分業しても、調整しなければ、特定の人だけたくさん作り過ぎてしまったり、逆に誰かがトラブルになっていたりしても、気づかないままかもしれません。

ヨコの調整、タテの調整

　小さいグループ内で行われるのは、**ヨコの調整**。お互いに対等な関係で、話し合うことです。大きな組織になると、ヨコの調整だけでは間に合いません。上に立つリーダーを決めて、リーダーが全体に指示を出す**タテの調整**が必要になります。

人の募集をしよう

求人の流れ

求人情報を出す

「履歴書」の応募を受けつける

お互いに心を結び合うのが、
良い採用！

何回か面談をして、
採用を決定する

求人のやり方

　組織をつくりたいと思ったら、まずは仲間を探すところからです。これを求人といいます。大人の世界の求人では、給料はいくら、仕事内容はどういうもの、勤務時間は何時から何時まで、休日はいつ……と、細かく仕事の内容を決めて、その条件

で働きたい人を募集します。それに対して、何人もの人が自分の能力や経歴を書いた「履歴書（りれきしょ）」を出して応募します。会社は、この人がいいかな？と思った人と何人か面談をして、会社に合う人を探すのです。

心の約束が大切

長く働いてくれる人を見つけるポイントは、心がつながり合えるかです。会社が出す求人も、個人が出す「履歴書」も、ただの文章にすぎません。その文章では書ききれない、**心の約束**が大切なのです。お互いの心を確認しておくことで、「こんなはずじゃなかった」というすれ違いを避けることができます。

会社「あなたには、将来、こんなことを達成してほしい」
　　　「あなたの人柄がとても好きだから、うちに来てほしい」
個人「この会社で、将来、こんなことがしたい」
　　　「会社の雰囲気が好きだから、ここで働きたい」

自分はどういう働き方がしたい？

A. 給料 B. 仕事の面白さ C. 休みの多さ D. 成長できる E. 社会の役に立てるか F. 仲間の多さ G. 雰囲気の良さ。皆さんが大事だと思う順に並べたら、どんな順番になりますか？　友達や家族と比べて、どんな働き方がしたいか、議論してみましょう！

皆が働く理由を確認しよう

働く理由

経済・社会的欲求	人間関係の欲求	自己を実現する欲求

たくさんお金が欲しい　　尊敬されたい　　　　成長したい
出世したい　　　　　　　認めてもらいたい　　難しいことをやりたい
偉くなりたい　　　　　　仲間が欲しい　　　　社会に貢献したい
　　　　　　　　　　　　　　　　　　　　　　楽しいことをしたい

働く理由がわからなかった時代には、人は痛い目にあうことを恐れて、働いていた。

仕事への欲求

　集まってくれた人は、それぞれに違う理由で「働きたい！」と思っています。皆が、なぜそこで働きたいのか、その理由をちゃんと知っておきましょう。

　経営学では、人が働く理由は大きく3種類だと考えられてい

ます。あなたは、どれが大切ですか？　あなたの友達はどうで
しょうか？

経済・社会的欲求

- たくさんお金が欲しいから、たくさん物を手にしたいから
- 出世したいから、組織を動かしたいから

人間関係の欲求

- みんなに認めてもらいたいから、尊敬されたいから
- 仲間が欲しいから

自己を実現する欲求

- 成長したいから。新しいことができるようになりたいから
- 自分が「やりたい！」と思える仕事がしたいから

　あなたが経営をするときには、一人ひとりの欲求をよく聞い
て、なるべくそれを満たしてあげられるように工夫することで、
その人はより長く、強く、あなたに協力してくれるでしょう。

今はとっても良い時代。科学は大切

　今でこそ人が働く理由がわかっていますが、「どうして労働
者は働こうとしないのか？」。その理由がわからなかった昔は、
罰金を科したり、むちでたたいたり、厳しくしかったりと、い
ろいろなひどい仕打ちをしながら、人を働かせていました。

皆の特技に合わせて 仕事を割り振ろう

会社の中にあるさまざまな仕事

製造	開発	検査・保守	営業・販売

経理	人事	物流

 組織づくりの基本は、適材適所

　野球の世界的スーパースター、大谷翔平選手。そんな大谷選手が「監督」や「コーチ」をしても、せっかくの力が生きませんね。ボールを受ける「キャッチャー」も、きっとできるでしょうが、大谷選手の真の力は発揮されません。大谷選手の力が

生きるのは、「ピッチャー」か「バッター」であればこそです。

　全ての人には、その人に合った仕事があります。組織の中で、個人の力に合わせた仕事を与えていくことを、**適材適所**と言います。組織づくりの基本は、適材適所。集まったみんなが、どんな力を持っているのかをよく調べ、その力に合った仕事をお願いしていくのです。

会社の中にある、さまざまな仕事

　一般的な会社の中には、以下のような仕事があります（これ以外にも、もちろんたくさんの仕事があります）。さまざまな仕事ができる人を集めて、会社は動いています。皆さんは、どんな仕事をやってみたいですか？

会社の中にある主な仕事の例

製造	商品を作る仕事
開発	商品・サービスやその技術を開発する仕事
検査・保守	消費・サービスのチェックをする仕事
営業・販売	商品・サービスをお客様に販売する仕事
物流	商品や材料を運ぶ仕事
人事	求人したり、働き方やお給料を決めたりする仕事
経理	お金の管理をする仕事

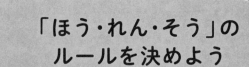

「ほう・れん・そう」の
ルールを決めよう

ほう・れん・そうとは？

　　相談

自分の仕事や仕事で起きた出来事について伝えること

組織の中の別の人や別部門の人に知るべきことを伝えること

自分でどうしていいかわからないことを上司や仲間と相談する

 ### ほうれんそう？？？

「ほうれんそう」って何？と思うかもしれませんが、実は社会人は皆この「ほうれんそう」を知っています。報告・連絡・相談のはじめの字を取って「ほう・れん・そう」です。組織で仕事をするときに大切なこととして、新人のときに教わること

です。

報告：自分がどんな仕事をしたか、どんな出来事があったかを伝える。

連絡：組織の中の別の人や、別の部門へ、知っておくべきことを伝える。

相談：自分ではどうしてよいかわからないことを、上司や仲間と相談する。

ルールをつくって「ほうれんそう」のミスをなくす

　実は組織で起こる問題の多くが「ほうれんそう」を忘れたときに起こっています。「毎日1回、報告をする」「連絡ごとは、すぐにする」「わからなければすぐに上司に相談する」といった、基本的な「ほうれんそう」のルールを決めておくだけで、組織のチームワークはとても良くなるでしょう。

今や「ほうれんそう」もアプリで行う

　会社での「ほうれんそう」も、スマホやパソコンのアプリで行うことが増えています。「Slack（スラック）」や「Chatwork（チャットワーク）」などのアプリを使って、友達にメールやLINEを送るように、会社の人々にも連絡をしています。

大切な問題は、時間をかけて 皆で答えを出す

意思決定とは？

工場の機械が壊れた…

① 情報収集　② 解決策　③ 結果を予想する　④ 最善策を選ぶ

損害状況を調べる

☑ 他社に依頼
☑ 出荷停止
☑ 新製品開発

他社に依頼

意思決定（いしけってい）のやり方

　会社の中では、今後の命運を左右するような決定（意思決定）が必要になることが、何度もあります。「海外進出する」「他の会社を買収する」「思い切って事業を変える」などです。こうした大きな判断で失敗しないために、正しい意思決定のや

り方を知っておきましょう。

① 問題について、しっかり情報を集める

② どういう案があるか、リストアップする

③ それぞれの案がもたらす結果を予想する

④ 最も良いものを 1 つ選ぶ

他の人の意見もよく聞こう

意思決定を失敗しないようにするためには、人の意見をたくさん集めてみるのも大切です。

● 社内の、なるべく多くの人から意見を集める

● 会社の外の人から、冷静な意見や、専門家の意見をもらう

会社の中では、社長はもちろん、どんな役割で働いているときにも、会社やあなたの未来を左右する意思決定が求められることがあります。そんなとき、間違った答えを出さないためにも、意思決定は若いうちから練習しておくとよいでしょう。

意思決定を練習する「ケース・メソッド」

アメリカ No.1 とされるハーバード大学のビジネススクールで始まったビジネスの練習方法が、ケース・メソッド（事例教育法）。2年間で500もの現実の例を題材として練習を重ね、あらゆる場面で通用する意思決定の力をみがき抜くのです。

たくさんの仲間と協力しよう

皆が成長できるようにしよう

成長がある仕事は、良い仕事

挑戦させる

リーダーにする

いろいろな仕事ができる
ようになると楽しい

成長できるように、
仕事を与えてあげる

 成長のない人生はつらい…

　小・中学校では、毎日、新しいことを習います。そうして皆
さんは、当たり前のように日々成長していますが、実は会社で
はこの「成長」がとても大切になります。

　会社には先生がいません。ですから、気をつけないと、毎日

128

同じことをしているだけで、成長しなくなってしまうのです。

　この先、人間は 100 歳まで生きると言われています。20 歳くらいから成長しなくなってしまっては、できる仕事が少なくなってしまいます。何より、残り 80 年間、つまらないですね。

 成長のある仕事にするコツ

　成長がある仕事にすることは、とても大切なことです。新しい技能を身につけられたり、仕事のやり方の改善をしたり、世の中のことが見えてきたり。そうした仕事のほうが、人はやる気を出しやすく、長く働きやすいこともわかっています。

　成長のある仕事にするコツは以下のとおりです。

- 幅広い作業を担当する
- 人と接点がある
- その人に、仕事のやり方が任されている
- 結果を見て、改善することができる

大人は、仕事を楽しんでいる

　楽しい、という気持ちは人間の自然な感情の 1 つです。大人は、皆さんが思っているよりも、仕事を楽しんで生きています。もちろん仕事には、つらいこともあります。ですが、つらさを耐えているだけでは、100 年も生きていけません。

皆の違いを大切にしよう

ダイバーシティの効果

能力のダイバーシティ	性別・人種・民族などのダイバーシティ
 会社はいろいろな仕事ができるようになる。	 さまざまな人材を集めることができる。
考え方のダイバーシティ	体の特徴のダイバーシティ
 新しいアイデアが出やすくなる。	 助け合いの風土が生まれる。

ダイバーシティ

　ダイバーシティ、多様性という言葉は、皆さんもいろいろなところで聞いたことがあると思います。経営にも、大きな効果をもたらします。

　能力のダイバーシティ：多様な能力を持った人が集まれば、

会社はいろいろなことにチャレンジできるようになります。

　性別・人種・民族などのダイバーシティ：特定の性別や人種だけで仕事をしていると、考え方もかたよってしまいますし、得られる人材も限られてきてしまいます。

　考え方のダイバーシティ：いろいろな考え方を認め合えれば、新しいアイデアが生まれやすくなります。

　体の特徴のダイバーシティ：病気や障がいをもつ人も一緒に働ければ、会社には助け合える良い風土が生まれます。

ダイバーシティをつくるためのカギは「対話」

　でも、ダイバーシティは簡単なものではありません。どうしてもお互いに理解し合えず、ぶつかり合いになってしまうこともあります。和を乱す人も出るでしょう。ですが、そうした時にも誰かを悪者にせず、ねばり強く対話を続けていく中から、お互いの理解が育っていきます。

対話（ダイアログ）

　20世紀の会社は、上下関係のはっきりした「命令」を中心とした組織でした。これに対し、ダイバーシティを果たした21世紀の会社は、平等な関係での「対話」を通じて仕事をしていくようになると考えられています。

皆が燃えつきない ように、気を配ろう

人を使いつぶしていては、結局、会社がもたない

悪い働かせ方をすると…

誰もその会社で働かなくなる。
お客様や取引先も離れていく。

 ブラック企業

　大変悲しいことですが、この世界には、とてもひどい働かせ方をしている会社があります。**そうした会社はブラック企業とよばれます。**

　●安い給料で働かせまくる

- ひどい言葉を投げかけながら働かせる
- 絶対にうまくいかないことをやらせる
- 安全ではない仕事の仕方をさせる
- 休みがない

……など、さまざまな問題があります。もし皆さんがこういう会社に入ってしまったら、取り返しがつかなくなる前に、すぐに辞めましょう。つらい仕事を、無理やり頑張り続けていると、人は心や体を壊してしまいます。

 ## 人の健康は、会社の最高の力になる

これは、皆さんの学校の中でも同じです。つらい場に長くいると、皆さん自身や、友達も心や体を壊してしまいます。皆さんは、社会や会社のよきリーダーになるべき人です。仲間たちの心と体に気を配り、つらい思いを長くさせないようにしてあげましょう。

健康経営

働く人が皆健康であったなら、生産性が上がり、辞める人は減り、病気で休む日数も減るため、大きな会社になれば数百億円以上の効果があるといわれます。働く人の健康に配慮する経営は「健康経営」と呼ばれ、今注目されています。

「働く」を考える時間

　今回のワークは、できれば、何人かの友達や家族と一緒にやってみましょう。お互いの考え方にこんなに違いがあるんだ、ということを知り合うと、きっと面白い発見がありますよ。

ステップ >1< 　自分は今、どんな仕事をしたいと思う？

　自分が、どんな仕事をしたいか、どういうふうに働きたいかを考えてみましょう。今の気持ちで構いません。まずは、今、

自分がどんな仕事をしたいのか、その仕事の内容を考えてみましょう。何日かしたら、変わっていたとしても、全く問題ありません。そうやって、考え、悩み、いろいろ調べていく中から、自分に合った仕事は見つかってくるのです。

ステップ >2< なぜ、自分はその仕事をしたいと思うのか、その理由を考えてみましょう。

次に、なぜ、その仕事をしたいと思うのか、その理由を考えてみましょう。素直な気持ちで、答えればいいです。「お金がかせげそうだから」「有名になれるから」「格好いいから」「楽しそう」――それでいいじゃないですか。大人だって、仕事選びはそういう基準で選ぶんですよ。

ステップ >3< その仕事をするために、どんな力が必要ですか？ それは、どうやって身につけますか？

次に、その仕事をするために、どういう技能が必要か、それをどうやって身につけるか、考えてみましょう。

どんな仕事も、必ず努力が必要です。皆さんには無限大の可能性があります。その可能性を生かすためにも、どんな能力をのばせばよいか考えましょう。

　これは、YouTuber になりたい場合の例です。皆さんご存じか知りませんが、実は私もチャンネル登録者数 3 万人を超える YouTuber なんです。私の場合は、こんな感じです。

ステップ 1　経営学 YouTuber になりたい

ステップ 2　なぜ、YouTuber になりたかったのか？

● 多くの人に、経営学を知ってもらいたかったから

● 学者で誰もやったことのないことをやりたかったから

● 面白そうだったから！　そして、目立つから！！

ステップ 3　YouTuber になるために必要な力。どう身につけた？

① 自分にしかない、独自の知識（経営学の博士であること）

　大学院に行って勉強し、大学で研究をして身につけた。

② 動画のネタ

　あらゆる経営学の理論を勉強した。ニュースも毎日チェック。

③ 面白くて、下品じゃない見た目

　みんなに服を選んでもらって、髪型にも意見をもらった。

④ しゃべりの技術

　大学の先生として授業をしていたほか、日々、練習。練習するほど、うまくなる。

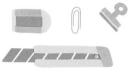

第6章

論理的に考えよう

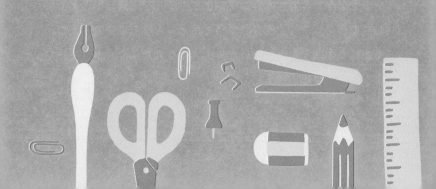

論理的に考える
ということは
どういうことだろう？

（ロジカル・シンキング）

　どんな仕事をするときにも、とても役立つ技能のひとつが、論理的に考える技能です。

　「●●問題への、解決策は××です。その理由は、○○だからです。そのように言えるのは、このグラフがあるためです。」

　こうした、論理的に考える方法を、「ロジカル・シンキング」といいます。ロジカル（logical）は「論理的な」、シンキング（thinking）は「考え方」を意味する言葉です。

　この章では、いくつか、ロジカル・シンキングのためのポイントになる考え方を紹介しています。そんなに難しいことでは、ありません。ここで紹介しているかんじんなポイントさえつかんでしまえば、あなたはもう一生、ロジカル・シンキングに悩まなくなるでしょう！

ロジカル・シンキングは、大きく 2 つのことに役立ちます。第 1 は、自分が考える時です。「考え方」にも、うまい・下手があるのです。ロジカル・シンキングを学ぶことで、あなたは冷静に事実に基づいて、抜けもれなく、物事を考えるための力を身につけることができるでしょう。

　第 2 は、人に説明する時です。論理的に考える力が身につくと、頭の中が整理されます。このため、あなたが話す言葉はとてもわかりやすくなるのです。他人を説得する能力が高まれば、あなたの意見が聞き入れられやすくなり、皆を正しい方向に導きやすくなります。

　ただし、ロジカル・シンキングには、誤った使い方もあることを、皆さんは知らなければなりません。誤った使い方とは「人を批判するためだけに使うロジカル・シンキング」です。ロジカル・シンキングを身につけると、間違いによく気づくことができます。間違いに気づけるのは、決して悪いことではないのですが、その結果として、何でも批判ばかりするようになってしまうことがあるのです。

　経営学の基本精神は、問題を解決し、より良い状態にすることです。ロジカル・シンキングは、問題を発見し、解決するためにこそ使うべきです。批判をするだけの人になると、仲間からも嫌われます。気をつけましょう！

ロジカル・シンキングはなぜ大切？

海洋ゴミを減らす方法を論理的に考える

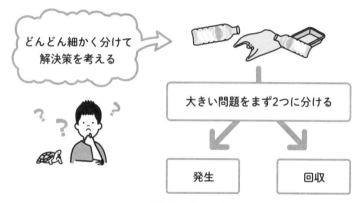

どんどん細かく分けて
解決策を考える

大きい問題をまず2つに分ける

発生

回収

河川からの流入を防ぐには？
海への流出を防ぐには？

海岸で回収？
回収船で回収？

どこでも生きる論理的な考え方

　あなたは、やることがたくさんありすぎて、何をまずやったらよいか、わからなくなったことはありませんか。問題が難しすぎて、どうやって考えたらよいか、困ったことはありませんか（環境破壊をどう止めるか、とか、アフリカから貧困をなく

すにはどうしたらよいか、とか)。

ロジカル・シンキングは、「考えるためのテクニック」です。
あなたが、よーく頭を使わなければいけない難しい問題にぶつかったときに、問題をどうやって考えればよいかを教えてくれます。社会の中では、そういう難しい問題にたくさん出合います。だから、ロジカル・シンキングが大切なのです。

ロジカル・シンキングができると会話がうまくなる

ロジカル・シンキングは、人と大切な会話をするときにも力を発揮します。なかなか人に自分の考えが伝わらなくて、イライラしたことはありませんか？　**ロジカル・シンキングは、誰にでも伝わりやすいような、話の流れを組み立てたりするための力にもなります。**

「人にうまく伝えられない」ことに、悩んでいる人は、ぜひロジカル・シンキングを学んでみてください。

推理能力とはちょっと違う！

ロジカル・シンキングはいわば「正しく問題を分析して、正しく伝える力」です。考える力、というと名探偵コナンのように限られたヒントから犯人をあばく「推理能力」のように思うでしょうが、それはまた別の思考力です。

事実に基づいて
考えるようにしよう

事実に基づいて考える

高齢　スポーツ　人口　[検索]

高齢者は
どんなスポーツを
しているのかな？

いろいろなデータが
簡単に見つかるね

「スポーツ」の種類別行動者率 高齢者（平成18年、23年）

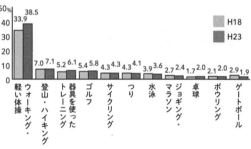

データ出典 https://www.stat.go.jp/data/topics/topi635.html

グラフや数字などの、事実に基づいて考える

　ロジカル・シンキングで最も大切なことは、思い込みや予想、「そうなってほしいな」という期待で考えるのではなく、事実に基づいて考えることです。「それ、本当？」って相手があなたの話に疑問を持つのは、別にあなたに敵意や悪意を向けている

わけではありません。間違った意見に流されるのは嫌だな、と思っているからです。

逆に、**あなたが人の話を聞く時も、「本当かな？」と疑問を持ちながら聞き、わからなければ尋ねるようにしましょう。**感情的な悪意や敵意を見せず、「それ、本当？」と聞くのは、なかなか難しいことです。上手に相手に質問するのも、ビジネスの能力の１つなのです。

 練習してみよう！

あなたがもし、以下のことを言いたいとき、どういう事実を調べて示す必要がありますか？　考えてみましょう！

① これからは、お年寄りの女性向け商品がたくさん売れそうだ

② お年寄りの女性向けのプール運動教室がはやっている

③ お年寄りがプールで運動することは、健康に良い

④ お年寄り向けの新作水着事業を始めたい

以下はその答えの例です。

❶ お年寄りの女性の人口グラフや預貯金額など

❷ お年寄りの女性がプールを使っている割合のグラフなど

❸ さまざまな運動がもたらすお年寄りへの健康効果など

❹ 新作水着を買いたいかどうかのアンケート結果など

重要さのレベル分けをしよう

話の重要さのレベル分けをしよう

あなたの住む <u>マンションに泥棒が入りました</u>。3軒隣の田中さんという人の家から、ダイヤのネックレスを <u>取っていきました</u>。幸いにも、田中さんは外出中で、<u>けが人はいませんでした</u> が、田中さんはとても悲しんでいます。警察が来て調べていきましたが、<u>犯人はまだ捕まっていません</u>。警察によると、こわしやすいカギになっていたことや、<u>警報器が鳴らなかったことが問題</u> だそうです。管理人さんに相談し、警報器を新しくしましたが、<u>カギは予算が足りないので新しくできていません</u>。

※下線部分はとても重要です

何が大切なことかは、あなたと、話し相手の興味によって変わります。相手にとって大切なことは何か、を考えよう。

大切なことをレベル分けする

　皆さんが、上の話を「5秒」で友達に伝えなければいけないとしたら、何をどう伝えますか？　考えてみてください！

　上手に伝えられるかどうかは、何がより重要で、何が重要ではないかが、わかっているかにかかっています。私なりに整理

したものが以下の文章になります。このように、大きく重要なことと、小さくさほど重要ではないことを頭の中で分別して、重要なことから説明していくべきなのです。

例えば、次のように説明すれば、重要なことを5秒で相手に伝えることができますね。

回答例：「私の住むマンションにどろぼうが入りました。犯人はまだ、捕まっていません。再発防止のために警報器を新しくしたけど、カギがまだこわれたままのようです。」

相手の立場で考える

何が重要かは、話し相手によって変わります。話し相手が警察だったら、あなたは違うことを言うでしょうし、同じマンションに住んでいる友達の場合なら、また変わるでしょう。「相手にとって大切なことは何か」を考えるようにしましょう！

もれ・ダブりがないか
チェックしよう

「もれ」と「ダブり」

もれなく・ダブりなく

数学の計算方法を発表するときに、「足し算、引き算、かけ算、かけ算」となっていたら、「あれ？　割り算は？」となりますよね。また、「かけ算の話、ダブってるよね？」とも感じるでしょう。

実はこれがロジカル・シンキングではとても大切なこと。「**もれなく、ダブりなく**」です。開発→生産→物流→販売という事業になっているのに、物流のことを忘れて経営策を立てるという「もれ」があったら、「あっ、忘れてた」では済みません。

　ダブりも問題となります。例えば「今日の話し合いのテーマは、販売策のことと、チラシのこと」と言われたら、皆さんはどう思うでしょうか。「チラシは販売策のひとつではないの?」と思うのではないでしょうか。

　もれとダブりをチェックすれば、ものごとの全体を見落とさずに済みます。自分の考えを整理するときや、人に話すときには、「もれなくダブりなく」を意識するようにしましょう。

「もれなくダブりなく」と「分ける技術」は一体

　午前と午後、春夏秋冬、日本と海外、過去と未来、政府と国民。「もれなくダブりなく」考えるためには、最初から「もれもダブりもない」分け方をするのが一番です。いろいろな「分け方」を学べば、もれなくダブりなく考える力も育ちます。

なぜなぜ分析

なぜなぜ分析

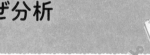

？なぜ？	？なぜ？	？なぜ？	対策は？
Aさんが お客様の 注文の数を 間違った	入力ボタンが 間違えやすい 形だった	Aさんの 作業を 誰もチェック してない	ダブルチェク 体制にする

> なぜだろうと繰り返し思考し、原因を探る。誰かを悪者にしない

「なぜ」を考え、誰かを悪者にせずに問題解決する

　商品の販売を担当している A さんが、お客様から「2 個」注文をもらったところを、「5 個」と報告してしまいました。そのため、お客様に 5 個分の値段を請求してしまったほか、余計につくり過ぎてしまいました。

これを「Aさんが悪い」とするのは正しくありません。「な
ぜ、Aさんが失敗してしまったのか」を考えることで、本当の
問題に気がつくことができます。

　Aさんに話を聞いてみると、パソコンで打ち間違えてしまっ
たそうです。確かに、パソコンの「2」のキーのすぐ上には、
「5」のキーがあり、誰でもよく打ち間違えます。

　でも、パソコンのキー配置は変えられないですね。そこで、
別の点を考えます。Aさんのミスを、誰かが発見できればよか
ったはずです。「なぜ、皆気がつかなかったのでしょうか？」

　Aさんが数字を入力したときに、誰もそれを見ていないのが
問題なのかもしれません。誰か別の人がチェックすれば、これ
からは同様のミスを防ぐことができます。

　こうして、「注文の数を確認するときには、別の人がチェッ
クし、さらにお客様にも見てもらう」という新しいルールをつ
くりました。数字の打ち間違いは、Aさんだけでなく、誰もが
やりがちな失敗です。誰かを悪者にせず、何度も「なぜ」を考
えながら原因を探ることで、皆が失敗しないようにするルール
をつくることができたのです。

　このように、何度も「なぜ」を考えていくやり方は「なぜな
ぜ分析」といわれ、多くの会社で取り入れられています。

良い面・悪い面を
バランスよく見よう

良い面と悪い面をバランスよく見る

ものごとの
良い面を考える

ものごとの
悪い面を考える

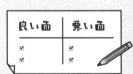

良い面と悪い面をあげて
リスト化する

人間は良い面か悪い面どちらかに目が行きがち

　何か新しいことを始めるとき、あなたは、どんな問題が起こるかな？と考えますか？　それとも、どんな良いことが起こるかな？と考えますか？

　これは、個人の性格ですから、決してどちらが良いというわ

けではありません。ですが、**人間はどうしても、ものごとの良い面か、悪い面だけが見えてしまうものなのです。**

　ですから、重要な問題を考えるときは、意識的に良い面と、悪い面を見るようにしてみましょう。

良い面・悪い面のリストをつくる

　それでは、どうやって視点のバランスを取ればよいのでしょうか。**その一番簡単な方法は、紙などに「良い面・悪い面」を書き出してみることです。**そして、良い面ばっかり書いてしまっているなら、バランスを取るために「何か問題はないか？」と考える。悪い面ばかり書いてしまったなら「良い面も見てみよう」と考える。すると、あなたが見落としていたことが見つかって、ものごとの見え方が変わってくるかもしれません。

みんなでやっても効果的

　気がつかないうちに、みんなの考えが良いほう／悪いほうにかたよってしまったり、意見の違いでグループが割れてしまったりすることもあります。良い面・悪い面を整理することで、みんなが冷静にものごとを見られるようになるでしょう。

次に何が起こるかを、考えよう

優れたプレーヤーは、次の展開を読む

売上を上げたい

値下げする

し烈な値下げ争い

どちらももうからず、
苦しい状況

価値を高める

お互いに味を高める

味を競って、
両方とも繁盛する

あなたの店が値下げをしたら、周りの店も値下げする

　あなたは、文具店で鉛筆を売っています。お客様から、商品が「高い！」と言われてしまいました。値下げをすれば、確かにもっと売れそうな気がします。値下げをすべきでしょうか？

　あなたの店が値下げをして、お客様をたくさん集めたとした

ら、周りの他の店はどうするでしょうか。負けないように、他の店も値下げをするでしょう。**お客様のうばい合いで、値段は下がり続け、誰ももうからない値下げ競争になってしまいます。**

✏ 優れたプレーヤーは、相手の次の動きを読む

カードゲームや、対戦ゲーム、将棋などが上手な人は、自分の手の先を読める人ですよね。

ビジネスでも同じです。ものごとを決めるときには、**「次に何が起こるか」を考えることが大切なのです。**「自社が値下げをしたら、ライバルも値下げする」「仲間を助ける行いをほめたら、みんながお互いに助け合うようになった」「協力してくれている会社に親切にしたら、今度は自分が困っているときに、その会社が助けてくれた」などなど、優れた戦略家は、次の展開を読みながら、自分の行動を決めるのです。

基本は、「相手に良い事」をすればいい

対戦ゲームとビジネスの大きな違いは、対戦ゲームは「相手を倒す」もので、ビジネスは「相手と協力する」ものだということ。対戦ゲームでは、相手の嫌がる手を打つべきですが、ビジネスは、相手の協力を引き出せる手を打つことが基本です。

話し合いが感情的に
ならないようにしよう

良い話し合いとは？

	アイデア・考えの違い	
	あり	**なし**
感情的な対立 **あり**	**うるさすぎる話し合い** （意見の違いをお互いに ちゃんと理解できない）	**ののしり合い** （本当は意見は違わないの にけんかしている最悪の 形！）
感情的な対立 **なし**	**建設的な話し合い** （感情的にならず、意見の 違いを理解できる）	**静かな話し合い** （お互いに問題がないこと を確認するだけ）

 良い話し合いとは

　他人と一緒に何かをやろうとするときには、必ず対立が起こります。でも、それは決して悪いことではありません。一生懸命に頑張って成功させようとしているからこそ、意見が食い違うのです。

大切なことは、**相手が嫌なやつだ、嫌いだ、と感情的にならないことです。**それでは話し合いはただの、ののしり合いになってしまいます。お互いに頑張っているし、成功させたい思いは同じだ……この点を皆で確認し合ってから、感情的にならずに、お互いの考えのどこが違っているのかを話し合うのです。

反論しないのもよくない

　相手の意見に反論しないのも、よいことではありません。それは「静かすぎる話し合い」。お互いが考えていることがわからないまま、相手が納得しているのかもわからないままになってしまいます。

　よく話し合い、決まったならば、過去は振り返らない。これも、大切です。皆で決めたことには、従う。あとで「やっぱり私はあっちがよかった」では、誰も喜ばないですね。

自分の間違いを認められるのも大切

　子どもの頃から練習していないとできないことが「自分が間違っていた」と認めること。優れたリーダーは、誰に対してでも、自分が間違っていたときは謝ることができます。そうした態度が、他人から尊敬されるのです。

論理ばかりになり すぎないようにしよう

人を動かす伝え方

論理
（ロゴス）

話の筋道が通っていたり、事実に基づいていたりする。

情熱
（パトス）

話に思いや感情がこもっていること。演技をする必要はありません。自分の本心を伝えます。

道徳
（エトス）

この人は正しい。この人は信じられる、という信頼感。日ごろの行いで決まります。

古代ギリシャの哲学者
アリストテレス

アリストテレスの「ロゴス・パトス・エトス」

あなたの言葉に、人が動かされる理由は「ロゴス・パトス・エトス」の3つです。古代ギリシャのアリストテレスという哲学者が、人に話をするときの秘けつとして教えたものです。

① ロゴス：論理

話の筋道が通っていたり、事実に基づいていたりすること。この章で学んできたことです。

② パトス：情熱

話に思い・感情がこもっていること。演技をする必要はありません。素直に、自分の話していることが、自分の本心から出たものであることを伝えましょう。

③ エトス：道徳

この人は正しい人だ。この人の言う事なら信じられる、という信頼感です。日頃の行いで決まります。

結局、論理だけじゃダメ

つまり、論理的に考えることができるだけではダメだし、その場での発表が上手なだけでもダメだということです。あなたの言葉や行動に正しい心が宿っていて、みんながそれを見て知っていることが、論理の力を、はるかに高めてくれるのです。

アリストテレスは「人は知を愛するもの」だと説いた

紀元前384年に古代ギリシャで生まれたアリストテレスは、今日につながる学問の基礎をつくりました。人の本性は「知を愛することだ」と説いた彼は、学ぶことで、人は良い人生を送ることができるのだとして、学問を広めたのです。

やってみよう！

調べる・まとめる・議論する

　今回も、友達や、家族とみんなでやってみましょう。

　世の中には、簡単には答えが出せない問題がたくさんあります。まずは、そんな問題を1つ、皆さんで考えてみてもらいたいのです。考えるテーマは皆さんが選んでくれていいですが、私もいくつか提案しておきましょう。

　①日本の自動車メーカーはガソリン車を作ることをやめるべきか？

　②中学・高校だけでなく、小学校にも制服があったほうがいい？

　③小学校でゲームやアプリの開発を習うべき？

　こうした難しい問題を議論するときに、何より大切なことは「よく調べること」です。インターネットで構わないのです。なるべくたくさん、いろいろな情報を集めてみましょう。それを、良い点・悪い点で整理してみましょう。

　ここで大切なことは、納得がいくまで疑うことです。「なぜ

ガソリン車をやめた場合の良い点	ガソリン車をやめた場合の問題
…	…
…	…
…	…

なぜ分析」ですね。一見良い点のように見えても、なぜ良いことなのか？　本当に良いことなのか？をしっかり考えて、よく調べましょう。良い面悪い面をバランスよく見ることも大切ですね。また、もれ・ダブリがないか考え、次の展開を考えたり、大切なことのレベル分けをしたりと、ロジカル・シンキングでは、同時にやることがいっぱいあります。

　そして最後は、みんなで議論をすることです。集めた情報を共有して、お互いに認識にズレがない形をつくったら、どうするべきか、みんなで議論して結論を出してみてください。

　けんかをせず、上手にみんなの意見をまとめて、結論を出せるでしょうか？

ヒント

よく調べたものを議論しよう

　ガソリン車をやめれば「化石燃料の消費が減り、地球環境が良くなる」ように思いますが、本当にそうなのか？を考えることが大切です。化石燃料の残りはどのくらいなのか？　ガソリン車をやめて、電気自動車などにかえた場合、地球環境に本当に良いのか？　友達や家族が、そうした疑問を出してくれるかも。そんな時は、友達や家族に感謝して、さらに調べましょう！　また、ロジカル・シンキングの大切な要素である「次の展開を読む」も忘れずに。もし日本の自動車メーカーがガソリン車を作ることをやめたら、次には、何が起こるでしょうか？海外のメーカーは、どうするでしょうか？

第7章

頼れる
リーダーになろう

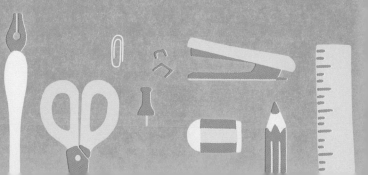

皆が応援したくなる
リーダーとは、
どういう人なのだろう？

（リーダーシップ）

　ビジネスの現場では、実は「リーダーシップ」がとても大切です。会社の中の仲間たちを動かすためにも。また、会社の外の人々に、あなたのことを応援してもらうためにも。皆さんには、この人と一緒に頑張ろうと思える、尊敬されるようなリーダーになってもらいたいと思っています。

　でも、リーダーシップというと、学校のクラスの中でも目立つような子のことかと思うかもしれません。実は、そうではありません。リーダーシップは、人を動かす力のことです。その方法は、人それぞれですが、リーダーシップとは「目立つ人」になることではないのです。人を動かす力とは、一体どういうことでしょう。作家で教師のデール・カーネギーは、人を動かす原則の1つとして「盗人にも五分の理を認める」ということ

を説いています。どんなに理不尽なことを言っていても、相手の主張を全く認めないのではなくて、ある程度は認めるということです。そうすれば、相手もあなたのことを聞いてくれるようになり、人を動かすことができるのです。

さて、リーダーシップで一番大切なことは、人の心を知ることです。どんな時に、人はやる気になるのか。どんなことに、不満をもつのか。どんな場所に、いたいと思うのか。千差万別な、人の心のことをよりよく知れば知るほど、あなたは上手にリーダーシップが発揮できるようになります。

リーダーシップとは結局、「あなたと一緒にいたい」「一緒に何かを成し遂げたい」という感情をまわりの人が持てるかどうかなのです。他人の気持ちがわかり、そこに、前向きに働きかけられることが、リーダーシップ。それは、ごく一部の突出した人だけに必要なものではなくて、全ての人が、日常のさまざまな瞬間で、リーダーシップを発揮しながら生きているのです。

リーダーシップを学ぶということは、人との、上手な関わり合い方を学ぶということ。あなたが、人と話すのが苦手でも、とても内気な人であっても。むしろ、そういう人との関わりが得意ではないからこそ、自分なりの、苦しくならない他人との付き合い方を身につけるべきでしょう。そんな意味で、私は全ての人に、リーダーシップを学び、人の心を学び、自分なりの人への影響の与え方を身につけてほしい、と思っています。

リーダーとボスは、何が違う？

ボスとリーダーの違い

ボス	リーダー
ボスは権力を使う	リーダーは志を使う
ボスは部下を追い立てる	リーダーは仲間を導く
ボスは失敗の責任を負わせる	リーダーは失敗から学ばせる
ボスは仕事を苦役にする	リーダーは仕事をゲームにする
ボスは「やれ」という	リーダーは「やろう」という
ボスは「私」という	リーダーは「私たち」という

ハリー・ゴードン・セルフリッジ
（1858〜1947）

イギリスの高級百貨店セルフリッジズ創業者ハリー・ゴードン・セルフリッジの言葉

リーダーとボス

　まずは、リーダーシップとは何なのかを考えるために、「リーダーとボスは違う」という話から始めてみましょう。この表はリーダーとボスの違いをまとめた有名な表ですが、皆さんはこの表を見て、リーダーとはどういう人なのか、イメージ

ができたでしょうか？

 ## リーダーシップとは「人の心に働きかける力」

　ボスは、相手の心を動かさず、むりやり仕事をさせていますね。それに対して、リーダーは、相手の心を動かして、相手が自分から仕事をやりたい、と思わせているようです。

　リーダーシップとは、「相手の心に働きかける力」なのです。
ですから、前に立って、「あれをやれ、これをやれ」と言っても、それはリーダーシップになるわけではありません。逆に、普段はもの静かであっても、強い信念を持って、「さあ、一緒にこれをやろう」と皆に訴える言葉が、人を動かすこともあります。

　他人の心を動かし、あなたと一緒に何かをやろうと思わせる。そのやり方は、人それぞれです。自分の性格に合った、自分なりのリーダーシップを見つけましょう。

昔のリーダー教育

　大昔は、リーダーは「人の上に立ち、大きな声で上手に話し、頭が良くて、かっこいい」人だとされていました。ですから、昔のリーダー学校は、上手な話し方や、身なり、振る舞いなどを教えていました。

リーダーは、2つの気持ちを人に与える

パフォーマンス・メンテナンス理論

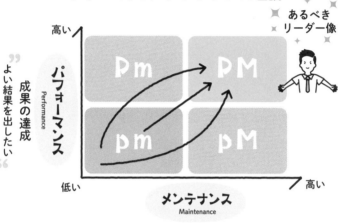

あるべき
リーダー像

高い

よい結果を出したい

パフォーマンス
Performance

成果の達成

Pm

PM

pm

pM

低い

高い

メンテナンス
Maintenance

組織の維持
みんなと一緒にいたい

出典：(三隅二不二, 1966)

日本人が発見した、PM理論

前のページで説明したように、リーダーシップは、人の心を動かすことです。それでは、リーダーシップは具体的にどういう気持ちを起こさせるのでしょうか。

これを研究したのが、日本の三隅二不二（みすみじゅうじ）

先生です。三隅先生は、リーダーシップが発揮されたとき、周りの人は（1）**一生懸命仕事をして、良い結果を出したいという気持ち**と、（2）**この場で、あなたや仲間たちといっしょにい続けたいという気持ち**を感じていることを発見しました。

三隅先生は、（1）のことを英語でパフォーマンス（Performance）と名付け、（2）をメンテナンス（Maintenance）と名付けます。そして、この2文字の頭文字を取って、PM理論を唱えました。

自分のPとMを振り返ってみる

あなたも、自分なりのリーダーシップを身につけたいなら、自分がどうやってPとMをやっているかを、考えてみましょう。そして、どちらかが苦手ならば、その苦手なほうを克服すれば、より良いリーダーになれるはずです。

仲間たちの今も良く見よう

もしあなたの仲間たちの仲が良いならば、あなたがやるべきことはPだけかもしれません。逆に、みんなが結果を出そうとしているけれど、あまり仲が良くないなら、Mが大切です。仲間たちの状況もよく観察して、PとMを使い分けましょう。

リーダーは正しくあるべし

オーセンティックとは「正しく」あること

理想・目的

真心

人々にとっての
真なるリーダー

価値観

自己統制　　人間関係

**オーセンティック・
リーダーシップ
の5つの要素**

> 私の成功に理由を求めるとすれば、私には才能は不足していたかもしれないが、人間として正しいことを追求するという、単純な、しかし力強い指針があったということです。

稲盛和夫
京セラ、KDDI、JALの3社で
トップ経営者として成功

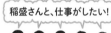

稲盛さんと、仕事がしたい！

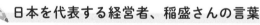

日本を代表する経営者、稲盛さんの言葉

　日本を代表する電子部品メーカー「京セラ」を創業し、次には通信の大手「第二電電」（現在の KDDI）を、さらには日本の航空会社大手・JAL の再建にも成功した、日本を代表する経営者、稲盛和夫（いなもりかずお）さんは、このように言って

います。

「私の成功に理由を求めるとすれば、……人間として正しいことを追求するという、単純な、しかし力強い指針があったということです。」（『生き方──人間として一番大切なこと』より）

 ## 正しさは、最大のリーダーシップ

人として、正しくあること。実はこれが、リーダーシップにおいて、最も大切とされることです。

あなたが、「この人は尊敬できる、この人と一緒に夢をかなえたい」と思えるのは、どういう人ですか。やはり、大きな目標に向かって、正しい心で、行動をしている人ではないでしょうか。悪意のある人、他人に嫌なことをする人、自分のためにズルをする人とは、一緒にはいたくはないですね。

人として正しくあることを「オーセンティックである」といい、「オーセンティック・リーダーシップ」といいます。これがリーダーシップの第一歩です。

オーセンティック・リーダーシップの5要素

オーセンティック・リーダーシップは5つの要素でできています。①夢・目標があること、②真心で人と接すること、③しっかりした道徳を持っていること、④自分がきちんと統制できていること、⑤他人との関係を大切にしていること。

仲間に挑戦と希望を与えよう

リーダーは、理想の実現に向けて進むべき道を示す存在

組織の目標を見すえ、できると信念を持ち、決意がゆらがず、楽観的に前を向くことがリーダーの条件。

目標

目標を決めて、みんなにちゃんと伝える

　リーダーシップで次に大切になるのは、**明確な目標をかかげ、それを仲間たちと共有することです。**みんなが、今、何をすべきか、何を目標に頑張ればよいかを、はっきりさせるのです。

　その目標は、簡単すぎてはいけません。みんなの真の力を引

き出せずに終わってしまいます。難しすぎてもいけません。「そんなの無理だ」と、みんながあきらめてしまいます。

仲間に、考えてもらう

目標に向かって、どうやって進んでいくかも、あなたはなるべく具体的に説明すべきです。「あとは自分たちで勝手に考えて！」では、みんなの動きがバラバラになってしまいます。

しかし、ここがポイント。**なるべくあなたが具体的に説明するのですが、全部を決めないのです。**「君ならどうする？」「どうやればいいか、アイデアをちょうだい？」「私にはわからないから、あなたに考えてもらいたい」。全部を自分でやることは難しいし、できないこともありますから、仲間たちに考えてもらうのです。

仕事を任せて、皆で考え、決めてもらうことで、仲間たちの自信や、やる気を引き出すことができます。仲間に甘えられる、仲間を信頼できるのも、リーダーの大切な資質なのです。

言葉で感謝を伝えること

仲間に仕事をお願いして、見事にやり遂げてもらったときには、よく感謝を伝えましょう。あなたの思いは、本当に、あなたが思っている以上に人には伝わっていません！「絶対に」感謝は言葉にして、伝えること！

「一緒に頑張る」と
思ってもらうには

サーバント・リーダーシップとは？

- 傾聴 (けいちょう)
- 共感
- いやし
- 気づき
- 説得
- 概念化 (がいねん)
  （アイデアをまとめること）
- 分析 (ぶんせき)
- 奉仕の精神
- 仲間の成長を支援する
- コミュニティをつくる

みんなが働きやすいような場

率先して仲間に優しさ、気配りをする

仲間への優しさ、気配り

どういうときに、人は「君と一緒に頑張りたい」と思うでしょうか。それは、あなたと一緒にいると、安心できるときです。わからないことでも気軽に聞ける、失敗しても許してもらえる。うまくいったら、一緒に喜んでくれる。あなたは、仲間たちに

そんな安心の場を与えるべきです。

　**リーダーは、仲間たちの「召使い」（サーバント）であると
いう考え方があります（サーバント・リーダーシップ）。**人の
声に耳を傾ける、共感してあげる、困ったときに相談に乗る、
困っていることに気づいてあげる。そんな、あなたの優しさ・
気配りが、仲間たちにはちゃんと伝わるのです。

 あなたの優しさは、組織に広がる

　リーダーが、率先して仲間への優しさ・気配りを示すことで、
あなたの組織はお互いに仲間を思いやれる組織になっていくで
しょう。**リーダーは、組織を映す鏡であり、リーダーのあり方
が、組織のみんなの考え方を決めるのです。**「この組織では、
仲間のことを思いやり、手をとりあって一緒に成功を目指す」
ことを、あなた自身が示せば、仲間たちも、それが大切なこと
だと理解して、真似をしてくれるようになります。

組織文化

　人々の感じ方・考え方のことを「文化」といいます。組織に
はそれぞれの「文化」があります。良い組織文化づくりには、
何よりもリーダーの振る舞いが効果的です。あなたの振る舞い
を真似て、みんなの振る舞いが決まるのです。

1人で抱え込み
すぎないようにしよう

**成功している会社のリーダーは、
コンビやチームであることも多い**

本田宗一郎　藤澤武夫

本田技研工業

ラリー・　　セルゲイ・　エリック・
ペイジ　　　ブリン　　　シュミット

グーグル

井深大　　盛田昭夫

ソニー

スティーブ・　　スティーブ・
ジョブズ　　ウォズニアック

アップル

 仕事を分担できるのも、リーダーの能力

　目標を決めて、みんなのやる気を引き出して、悩みごとを聞いてあげて、その一方で、マーケティングを考えたり、お金の計算をしたりと、会社のリーダーがやることはいっぱいです。とても、1人ではやりきれません。

ならば、みんなで分担してしまえばいいのです。マーケティングはあなた、お金の計算は君にと、仕事を任せられるのもリーダーの能力のうちです。

　リーダーシップだって、分担でいいのです。目標を決め、そこに向かっていくP（パフォーマンス）の役割は私、だけども、皆の仲を取り持つM（メンテナンス）の役割は○○さん……と、リーダーが果たさなければいけない役割だって、人と分担していいのです。

✎ あの有名な会社も、リーダーの役割を分担していた

　実際に、多くの会社がリーダーシップを分担しています。自動車メーカーのホンダは、技術に優れ、人間的魅力にあふれた本田宗一郎さんと、組織をまとめることや、お金の調達に優れた藤澤武夫さんの2人がリーダーシップを分担しました。グーグルは、ペイジさんとブリンさん、シュミットさんが、アップルではジョブズさんとウォズニアックさんが役割を分担しています。

トップ・マネジメント・チーム

　会社経営を役割分担した仲間たちをトップ・マネジメント・チーム（TMT）といいます。経営学ではTMTの研究も盛んで、異なる能力をもった仲間たちが、同じ目的のもとに結束しているときが、最も成功しやすいことがわかっています。

誰も仲間外れに
しないようにしよう

人は「公平に扱われている」と思ったとき、
組織のために働ける

リーダーが誰かを
優遇していると……

組織がバラバラになるきっか
け、人が頑張れなくなるきっか
けは、不公平だと感じること。

全ての人に配慮している
リーダーを見ると……

リーダーや仲間が自分を公平
に扱ってくれている、そのため
に努力してくれていると感じ
られたならば、人は頑張れる。

公平さは、組織の力を最大にする

　組織で仕事をしていると、どうしても仲の良い人と、あまり
話が合わない人が出てきてしまいます。それは、どうしても仕
方のないことですが、**組織のリーダーならば、みんなに公平に、**
誰も仲間外れにならないように、最大限、配慮をしなければい

けません。

　この組織は公平だと感じられるとき、みんなは組織のことを好きになり、一生懸命、頑張（けんめい）（がんば）ってくれます。でも、自分は公平に扱われていないと感じた人は、組織のことが嫌いになり、一生懸命にもなれなくなります。また、そうした不公平な扱いを受けた人を見た周りの人も、組織に対して不満を感じます。

本当の公平とは

　公平さとは、なるべく正確に、みんなの働きを評価することです。みんな同じ評価で、みんな同じ給料……は、実は公平ではないのです。より結果を出した人が、そうでない人と同じ給料では、納得しませんね。この人はこんな活躍をしたから高い評価なのだ、という、みんなが納得する正しく差をつけた評価が、本当の公平です。

完全な公平は難しい。だから、公平への努力が大切

　公平な評価は、とても難しい。どうしても「私は見えないところでこんなに頑張ったのに」と不満になります。だから、リーダーは、みんなに公平にしようと努力を続けること。仲間たちはリーダーの姿を見て、納得するのです。

自分だけのリーダーシップの形をつくろう

リーダーシップは人それぞれ

織田信長

とても怖い人だったけどカリスマ性があって未来を見通す目で人々を率いた

豊臣秀吉

人間的な魅力が深く友達をつくったり人に信頼されるのが上手で人々の利害の調整に長けた

徳川家康

忍耐強くじっくり待ちながら力を蓄え続け次第に人に認められた

ならば……
君には君のリーダーシップがある。それを目指そう！

リーダーシップの持論アプローチ

どういうリーダーが良いリーダーかはわかっていますが、では、**実際に組織の中で、仲間たちとどう接し、どう振る舞えばよいかの正解はありません。**人は千差万別、あなたはあなただからです。

日本のリーダーシップ研究の第一人者、金井壽宏（かないとしひろ）先生は、人は多様であることから、「リーダーシップの持論アプローチ」を提案しました。持論とは、「自分なりの理論」です。つまり、**自分だけのリーダーシップの形を探すことこそが、リーダーシップをみがく方法だとしたのです。**

 自分だけのリーダーシップのあり方リストをつくる

金井先生は、①自分がうまくリーダーシップを発揮できたときや、②ニュースやドラマ、他の人の振る舞いなどで、良いリーダーシップだと思ったことを書き出して、自分だけの「リーダーシップを発揮するためのリスト」をつくり、それを実践し、改善していくことで、自分だけのリーダーシップ理論を育てることができるとしています。ぜひ、皆さんも自分のリーダー像をつくってみてください！

悪いリーダーシップもある

人類の歴史の中には、人々を悪い行いに導いたリーダーもたくさんいます。ユダヤ人を虐殺したヒトラーなどが、その例です。リーダーシップは決して悪用されてはいけません。その時、社会はほう壊の危機を迎えてしまうのです。

やってみよう！

自分のリーダーシップ スタイルをつくろう！

　今回は、前ページで紹介した「自分だけのリーダーシップスタイル」をつくってみましょう！

ステップ >1<　自分がうまくリーダーシップを発揮できたときを書き出してみましょう

　まずは、自分がこれまで、上手に皆を率先することができたとき、自分らしく活躍することができた場面を、書き出してみましょう。そして、自分が力を発揮しやすいのはどんなときか、どのように人に働きかけるのが得意かを考えてみましょう。

ステップ >2<　ニュースやドラマ、マンガ、他の人の振る舞いなどを書き出してみましょう

　次に、自分があこがれる、歴史上の人物や有名人、マンガ・アニメ・ドラマのキャラクターを書き出しましょう。また、友達や先生の振る舞いで、いいなあと思ったことも書いてみまし

ょう。

> - 発表会でみんなを引っ張って頑張った
> - ゲームをしていて、自分が上手にみんなに合図を出せた
> - 自分の好きな理科の授業で、友達に教えてあげられた
> ...

> - 徳川家康は苦しい時期でもずっと部下たちを大切にした
> - ワンピースのルフィはいつも正義をつらぬく
> ...

ステップ >3< 自分だけのリーダーシップスタイル表を作ってみましょう

そして、ステップ1・2を踏まえて、自分だけのリーダーシップスタイルをまとめてみましょう。

自分だけのリーダーシップスタイル表
知識を活かして人を助ける
どんな時でも仲間を大切にする
正しいことをつらぬく
...

　ステップ3でつくったリストが、今の、あなたのリーダーシップスタイル（あり方）になります。でも、大切なのはこれからです。実際に自分がリーダーとなるべきときに、このリストの通りに行動してみて、違っていた部分や、改善すべきこと、もっともっと強調してよいことなどが、見つかってくるはずです。

　そうして、自分のリーダーシップスタイルを、みがいていくのです。その先には、あなたが理想とする自分の姿が出来上がってくることでしょう。

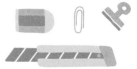

第8章

ケーススタディで
学ぼう

ビジネスを起こし、成功させた先輩たちの姿を学ぼう

（ケーススタディ）

　経営学を教えるビジネススクールには、ケーススタディという教育方法があります。ケース（Case）とは、事件のこと。スタディ（Study）は、学習という意味の言葉です。

　ケーススタディでは、実在の会社や人物の、実際にあったできごとを題材に、そこから大切なことを学んだり、あなたならどうするかを考えたりします。世界最高の大学の1つとされるハーバード大学のビジネススクールでは、2年間で500ものケーススタディを行うそうです。

　この本の最後の章は、有名経営者のケーススタディです。日本と世界、男の人・女の人、さまざまな経営者のことを知って、あなたの人生のこれからに、生かしてもらえたらなと願っています。

この章では、日本の人、海外の人、男性、女性、現代の人、昔に活躍した人から、なるべくバランスを取りつつ、8人の経営者を集めてみました。これらの人々は、生きた時代も、やり遂げたことも、さまざまですが、みんなに共通していることがあります。それは、自分の人生を、精一杯に頑張って、生き抜いたということです。

　カップラーメンを発明した安藤百福さんは47歳で無一文になりながら、そこから世界的な会社をつくりました。松下幸之助さんは、丁稚奉公から自分で商売を始めて、パナソニックを育てています。ココ・シャネルさんは、まだまだ女性の社会進出が進んでいなかった時代に、自分の才能とそれを活かす努力で、世界的なブランドを築きました。皆さん、最初から大金持ちだったわけでも、すぐに大成功したわけでもありません。どなたも、その時その時に、できる限りのことを、悔いの無いようにやり切っています。

　彼らの成功には、もちろん運もあったでしょう。ですが、運が転がりこんでくるのは、それをつかもうと努力している人だけです。なによりも、どんな一瞬も輝くように生きていけたら、人生が楽しいですね。そんな彼らの生きざまを、皆さんには感じ取ってもらえたらと思っています。

渋沢栄一
「日本に株式会社をつくる」

24歳
(1864年)
もともと農民だったが、江戸幕府最後の将軍・徳川慶喜につかえ、武士となる。

27歳
(1867年)
幕臣としてヨーロッパに住む。現地の知識を学ぶ。

33歳
(1873年)
明治政府に勤めるが退官。ヨーロッパで学んだ資本主義、株式会社の仕組みを広めて、さまざまな会社を設立する。

69歳
(1909年)
当時の数え年で70歳になったときに実業界を引退。その後は後進の育成に務める。ビジネスでの道徳の大切さを説く。

渋沢栄一

日本に株式会社を広めた人

　武士が治める江戸幕府の時代が終わり、1868年から始まる明治時代の日本では、海外からさまざまな考え方や技術が伝わってきました。そんな中で、**日本に株式会社の仕組みを伝え、実に500社以上の会社を設立しました。**その中には、現在の

みずほ銀行、日本製紙、東京ガス、いすゞ自動車、キリンビールなども含まれます。

　渋沢ははじめ江戸幕府に勤め、才能を買われてヨーロッパに派遣されました。その地で株式会社という仕組みを知り、日本に戻ってからは、これを日本に広めていく活動を始めたのです。

ビジネスと道徳を一つにする

　渋沢は、ビジネスをするにあたって、そのビジネスがどんな目的のために行われるのかをはっきりさせ、またその活動も正しく行われるべきであると、**ビジネスにおける「道徳」の大切さを説きました**。金もうけだけではダメだと言ったのです。

　同時に、渋沢は、道徳だけでもダメだと言います。正しい心で、しっかり利益をあげる経営をすることで、社会が発展していくとしたのです。

教育にも熱心だった渋沢栄一

　渋沢栄一は、日本が発展していくためには教育が大切だとして、現在の一橋大学など、いくつかの学校を設立しました。当時はまだ女性の教育が進んでいなかった中でも、女性への高等教育を推し進め、日本女子大学の設立にも協力しています。

松下幸之助
「会社と社会のよい関係をつくる」

9歳
（1904年）
「丁稚奉公」で仕事を始める。小学校も卒業できなかった。

23歳
（1918年）
大阪で電気器具の会社を立ち上げる。

37歳
（1932年）
自分の使命に目覚める。会社とは、商売とは、どうあるべきかを考えながら、事業を大きくしていく。

69歳
（1964年）
全国の販売店を招いて相談する機会を持つが、松下電器の経営は間違っていると批判される。「私が悪かった」と深く頭を下げ、販売店と一緒に、良い経営のために努力していくとちかう。

松下幸之助

20世紀の日本を代表する経営者

　現在のパナソニックをつくった人です。1894年に生まれ、9歳から「丁稚奉公」（子どもが育ててもらいながら下働きをすること）で仕事を始めます。23歳のときに、妻、妻の弟の井植歳男、友人2名とともに会社を立ち上げます。なお、井植さん

はのちに独立し、三洋電機を設立しています。

　これからは電子機器の時代だ、という読みがあたり、パナソニックはテレビなどの製品をつくりながら、世界にも名の知れた 20 世紀の日本を代表する会社となりました。

 ## 会社は社会の公器

　松下はものごとの本質をよく考えぬく人でした。自分がビジネスをするにあたっても、ビジネスとは何かを日々考え続け、ついに「会社は社会の公器である」、つまり会社は社会の公共のものであるという結論に至ります。

　（1）会社は、その事業を通じて、生活を良くして、人々を幸せにするためにある、（2）事業活動からちょうど良いくらいの利益を生み出して、それを国や社会にお返ししていく、（3）会社の活動そのものが、社会と調和したものでなくてはならない。

　こうした考えから松下は「経営の神様」と呼ばれるようになりました。

責任を持って、使い、守り、育てる

　社会から人・お金・土地などのさまざまなものを使わせてもらいながら、会社は活動しています。だから、会社はちゃんと責任をもってそれらのものを使い、守り、育てなければならない。松下はそう考え、人々に伝えて回りました。

安藤百福
「くじけない。あきらめない」

38歳
(1948年)

GHQから脱税を疑われ、捕まってしまう。それまで行っていた事業は停止され、個人の資産もぼっ収されてしまう。

47歳
(1957年)

大阪の信用組合の理事として復帰するも、その信用組合がはたんし、無一文に……

48歳
(1958年)

世界初の即席麺「チキンラーメン」を発明・販売。成功を収める。

61歳
(1971年)

「カップヌードル」を発明。世界的な大ヒットとなり、世界の日清食品となる。

安藤百福

事業を成功させては、つまずく年月

1910年に台湾で生まれた安藤百福（ももふく）は、22歳のときに繊維事業を始め、大成功を収めます。その後もさまざまな事業を手がけますが、太平洋戦争中には憲兵にいわれない疑いをかけられ、ごう問を受けるなどします。戦後にはGHQか

ら脱税でたい捕され、資産の大半をぼっ収されてしまいました。

　しかし、**人からの信用が厚く、商売の才能もあった安藤さんの元には次の仕事が舞い込みます。**大阪の信用組合の理事長の仕事です。しかし、1957年にこの信用組合がはたんし、安藤はついに無一文になってしまいました。

48歳でインスタントラーメンを発明

　安藤はそこから、長年考えていた即席麺（めん）の開発に取り組み始めます。1年かけて、1958年についに「チキンラーメン」を開発。お湯を注ぐと2分で食べられるチキンラーメンは、まほうのラーメンといわれ、当時としては高価だったのに飛ぶように売れました。1971年には「カップヌードル」を開発して大ヒット。**安藤さんの創業した「日清食品」は、世界的な大企業に成長してゆきました。**

チャレンジをやめてはいけない！

　打ちのめされても、また立ち上がる。そんな例がアメリカにもあります。カーネル・サンダースは、事業に失敗してほとんど無一文になってから、65歳で創業した飲食店「ケンタッキー・フライドチキン」を大成功させています。

孫正義
「いつも新しいことを考え続ける」

22歳（1979年）
自動翻訳機を開発し、これを日本の家電メーカー・シャープに売り込んで1億円の資金を得る。これを元手に起業する。

39歳（1996年）
インターネット・ポータルサイトYahoo! Japanを始め、日本最大級のウェブサイトに成長させる。

48歳（2006年）
携帯電話通信会社のボーダフォンを買収し、通信事業を始める。ドコモ、KDDIに並ぶ通信大手に。

59歳（2017年）
ソフトバンク・ビジョン・ファンド設立。可能性のあるさまざまな事業にお金を出し、育てている。

孫正義

最新のことを追い続けて成長し続けるソフトバンク

　現在、日本で最も有名で、最も成功している経営者はこの人、孫正義（そんまさよし）さんでしょう。ソフトバンクを創業し、Yahoo! JAPAN（ヤフージャパン）や、携帯電話事業、半導体、最近では電子決済のPayPay（ペイペイ）など、さまざまな事業

を手がけ、成功させてきました。

　孫さんは、昔から新しいことを考え続ける人でした。アメリカでの学生時代から、**勉強の合間の15分に事業のアイデアを考える時間をつくり、「発明ノート」に、毎日1アイデア、新しい事業案を書いていました。**

　その一つが自動翻訳機で、孫さんはこのアイデアをシャープに1億円で売り、そのお金で会社を設立しました。

早くにやるから、利益になる

　孫さんは、**先にやった者がより多くの利益を手にすると考え、「早さ」にこだわります。**成功の確率が「5割でやるのはおろか。9割では手遅れ」だと言います。「インターネットの世界は、ある日突然、パソコン1台を持った若者が、業界を席巻することもありうる。だから、私としては常にフィールドをながめてチャンスの芽を探しておかなくてはならない」と語っています。

孫さんのアイデア創造法

　学生時代の孫さんがいろいろ試したアイデア創造法のうちで、最もうまくいったのは2つの単語帳を無造作に開き、出た言葉を組み合わせる方法でした。これは後に「強制連想法」という理論になったアイデア創造法とほぼ同じものでした。

南場智子「これからの日本を引っ張る女性経営者」

34歳
（1996年）
世界的な経営コンサルティング会社マッキンゼーの日本支社の役員になる。コンサルタントとして抜群に活躍する。

36歳
（1999年）
株式会社ディー・エヌ・エーを創業。携帯電話用のゲーム事業で大成功。

南場智子

49歳
（2011年）
がんにかかってしまった夫の看病のため、ディー・エヌ・エー社長を退任する。

52歳
（2015年）
プロ野球の横浜DeNAベイスターズのオーナーになる。仕事にも復帰して、会社をさらに育てている。

IT企業を創立し、プロ野球チームのオーナーにもなる

　現代日本を代表する、女性経営者です。「コンサルティング」（他社の経営を助ける仕事）で有名なマッキンゼーで働いた後、**1999年にIT企業の「DeNA」を設立し、携帯電話用のゲームで大きな成長を遂げます。**会社を成功させた後には、プ

口野球の球団を買収し、横浜 DeNA ベイスターズのオーナーにもなっています。

 夫の看病のために、会社を離れる

かつて、日本企業の経営者といえば、猛烈に仕事をする人ばかり、厳しい人ばかり、そして男性ばかりでした。

そんな中で、**南場さんは、仕事と家庭生活のバランスを取り、また仕事でも持ち前の明るさとチャーミングさで、誰とでも平等な立場で仲良く話します。** 夫ががんになったときには、会社経営者の立場を離れ、看病に集中しました。

南場さんは、日本に新しい経営の考え方、働き方をもたらしてくれる人として、とても注目されており、現在は政府の仕事や経済団体の仕事を通じて、日本の改革に取り組まれています。新しい時代の訪れを知らせるような、素敵な女性経営者の登場でした。

女性経営者が少ないことが、日本の課題

日本では昔、女性は家庭の中で家事をするものだと考えられており、外に出て仕事をする、ましてや会社を経営するなんて考えられないことでした。今でも、日本の女性経営者はわずかに全体の 15% 程度にすぎません。

ヘンリー・フォード 「大量生産の発明」

ヘンリー
・
フォード

16歳
(1879年)
アメリカ・デトロイトで機械工として仕事を始める。

39歳
(1903年)
自動車の生産を手がける、フォード自動車を創業する。

49歳
(1913年)
世界初のベルトコンベヤーによる流れ作業方式の自動車生産を行う。そこでつくられた安くて品質の良い自動車「T型フォード」が大ヒットする。

55歳
(1918年)
アメリカを走る自動車の2台に1台がT型フォードになるまでに成長。労働者の待遇改善にも力を尽くした。

20世紀アメリカを代表する経営者

アメリカが世界最大の経済大国になった理由の1つは、世界で初めて、大量生産と大衆消費社会を実現したからです。今では大量生産なんて当たり前のことですが、かつて人類の技術がまだ低かった時代には、全く同じものを大量につくることは、

とても難しかったのです。

　ヘンリー・フォードは、ベルトコンベヤーにものを乗せて運ぶ「流れ作業」を考案し、世界で初めて完全に同じ自動車を大量生産することに成功しました。こうして作られた「Ｔ型フォード」はアメリカ中に広まり、フォード自動車はアメリカ最大の会社となりました。

労働者の生活改善に努める

　ヘンリー・フォードはまた、労働者に対する待遇（たいぐう）の改善にも努めた人でした。「労働者は、自分たちのために、安価で性能の良い車を作る。その生産にあたっては、労働者に高賃金を支払う。企業の成長とともに、社会も豊かになる」というのが、フォードの発想だったのです。良いものをつくり、よく働き、よい給料をもらおう、そう考えたのです。**不景気のときには、給料を２倍にすると発表して、アメリカ社会を驚かせました。**

大量生産のその後

　フォードの生産ラインでは１車種しかつくれませんでしたが、次に登場するゼネラル・モーターズは毎年のモデルチェンジが可能になりました。戦後には、日本のトヨタが、「多品種少量」の生産ラインを生み出しています。

ココ・シャネル
「世界を魅了した女性経営者」

27歳
（1910年）
自分がデザインした帽子の店をパリで開き、大ヒットする。

32歳
（1915年）
複数の店を経営するようになる。帽子以外のさまざまな服のデザインも手がける。動きやすく斬新な服は、女性の新しい定番となっていった。

38歳
（1921年）
「シャネルの5番」の香水が世界的な大ヒット。トップデザイナーとして名前が知れ渡る。

52歳
（1935年）
ヨーロッパにおいて、すでに伝説的な存在に。芸術家たちを助けたり、支援したりしていた。

ココ
・
シャネル

デザイナーであり、経営者

　婦人服、バッグ、ジュエリー、香水などの分野で世界的トップブランドとなっている「シャネル」は、伝説的なデザイナーであり女性経営者であるココ・シャネルが1910年に創業したブティックがその始まりです。

シャネルのデザインは、女性を過去の伝統から解放するものでした。シャネルが生まれたフランスにおける当時の女性は、コルセットと呼ばれる固く締め付けの強い下着を着て、その上にドレスを着用するなどしていました。美しさを追求するためではありましたが、とても窮屈で、動きづらかったのです。

シャネルさんは、伸び縮みする素材を使った服をデザインして、世の中に広めました。彼女は、ファッションの力で、女性の社会進出や、レジャーやスポーツへの参加を推し進めたのです。当時、世界で最も成功した女性となりました。

自身も優れたデザイナーであった彼女は、画家のピカソ、作曲家のストラヴィンスキー、詩人のコクトーなど当時を代表する芸術家たちとも仲が良く、彼らからも尊敬されていました。

ケーススタディで学ぼう

香水をイノベーションしたのもシャネル！

世界で最も有名な香水「シャネルの5番」。当時の香水は「バラ」「ラベンダー」など、特定の香りを再現するものでした。しかしシャネルは「女性のための香り」という新しい発想で、さまざまな香りを混ぜ、斬新な香りを生み出しました。

スティーブ・ジョブズ
「プレゼンの天才」

スティーブ
・
ジョブズ

21歳
（1976年）
友人であるスティーブ・ウォズニアックが発明したコンピュータ「アップル1」を販売するために、アップルを起業。

30歳
（1985年）
アップルは大成功を収め、世の中にパソコンを広める。しかし、売れ行きが悪くなり、会社を辞めることに。

42歳
（1997年）
業績が振わず困っていたアップルに復帰。革新的な製品を立て続けに発表し、会社を復活させる。

56歳
（2011年）
がんで亡くなる。未来を見通す目とプレゼンテーションの技術で会社を導くスタイルは、世の中に多くのものを残した。

技術とデザインを融合させた、21世紀型の経営者

　2011年に死去したスティーブ・ジョブズは、今なお影響力を持つ21世紀のアメリカを代表する経営者です。iPhoneや、音楽プレーヤーのiPod、アップルウォッチなどの製品を生み出した発明家でもあります。**新しい技術を、素敵な「デザイ**

ン」と組み合わせることで、現代の消費者が求める商品やサービスを生み出した人です。

 ## プレゼンテーションを、力に変える

　スティーブ・ジョブズを語るときに、そのプレゼンテーション（発表）のうまさを避けて通ることはできません。**1回のプレゼンテーションに、ばく大なお金と時間をかけ、構図やタイミングにもこだわったことが知られています。**

　プレゼンテーションというと、単にしゃべることがうまいとか、見せ方がうまいということかと思うかもしれませんが、これは大切な「**現代に合わせたマネジメント方法**」なのです。

　仲間たちに、支援者たちに、お客様たちに、正しく伝えるためにはどうしたらよいか。それを考え抜いて、彼はプレゼンテーションという手段が一番有効なマネジメントの方法だと考えたのです。

新しい「考え方」を取り入れる

　スティーブ・ジョブズは、これまで「組織論」や「マーケティング」で行われていた経営に、「デザイン」や「プレゼン」といった新しい技法を取り入れて成功しました。常に新しい考え方を取り入れていくことが、成功するためには大切です。

ムハマド・ユヌス
「ビジネスで貧困をなくす」

32歳
(1972年)
アメリカで経済学者をしていたが、母国バングラデシュが独立すると帰国。チッタゴン大学の経済学部長になる。

36歳
(1976年)
貧困救済プロジェクトを開始。農村の人が誰でもお金を借りられる「マイクロクレジット」を始める。

49歳
(1989年)
漁業を支援するグラミン漁業財団、田畑を改善するグラミン・クリシ財団を設立。それから立ち上げた多様な事業は「グラミン・ファミリー」と呼ばれるようになる。

66歳
(2006年)
貧困を無くす取り組みが高く評価され、ノーベル平和賞を受賞。

**ムハマド
・
ユヌス**

ノーベル賞受賞、貧困解決の「マイクロクレジット」

　アメリカで経済学者をしていたユヌスさんは、1972年、母国のバングラデシュが独立を果たすと帰国し、大学の先生となります。1976年から貧困救済プロジェクトとして、少額の資金をこれまでお金が借りられなかった人に貸し出します。これ

は「マイクロクレジット」と呼ばれ、お金がない人が、急にお金が必要になったときにお金が出せず、そのせいでさらに貧困になる問題の解決策として、世界的に注目されています。2006年にはこの取り組みでユヌスさんはノーベル平和賞を受賞しました。

 これからの時代は、社会の課題解決がビジネスになる

マイクロクレジットを行う「グラミン銀行」は、今では多くの人々の支援を受け、さまざまな貧困層向けビジネスを手がける「グラミン・ファミリー」となっています。農業技術の向上をはかる「グラミン・クリシ」、バングラデシュの伝統手織り布を扱かう「グラミン・ウドーグ」、通信サービスの「グラミン・テレコム」、その他にも漁業やエネルギー、教育などを手がけます。ビジネスを通じて世界の課題を解決するユヌスさんの姿は、新時代の経営者の一つの理想像となっています。

社会的起業

日本でも、東日本大震災の後の復興のためにつくられた手編みセーターなどを扱う「気仙沼ニッティング」や、社会課題解決のためのクラウドファンディング「レディーフォー」など多くの「社会的起業」が生まれています。

ラリー・ペイジ＆セルゲイ・ブリン
「先端技術で世界を変える」

25歳
（1998年）
アメリカ、スタンフォード大学の研究室で出会う。2人の持つコンピュータ科学、インターネット、文章分析技術を組み合わせ、グーグルを創業。

28歳
（2001年）
グーグルは最もよく使われる検索エンジンとなり会社の従業員は200人までに。

31歳
（2004年）
株式市場に上場し多くの資金を得る。メール、画像編集、地図、ユーチューブなど、さまざまなサービスを開始。

35歳
（2008年）
スマートフォン用OS「Android（アンドロイド）」をリリース。スマートフォンにおける標準OSとなる。

ラリー・ペイジ
セルゲイ・ブリン

最新技術が、未来をつくる

　アメリカ、スタンフォード大学で、ラリー・ペイジさんは、インターネットの技術を研究していました。同時期にセルゲイ・ブリンさんは、文章の内容をコンピュータで分析する技術を研究していました。

2 人は大学で出会い、それぞれの技術をつなぎ合わせて「**イ**
ンターネット上にある文章を分析する」仕組みを生み出します。
「**検索エンジン**」**Google（グーグル）誕生の瞬間**です。

　インターネット上のどこに、どんな情報があるのか？　あっ
という間にそれを調べてくれる検索エンジンは、現代社会に、
なくてはならない仕組みとなりました。

　Google の誕生から、私たちが学ぶべきことは、第 1 に「組
み合わせる」ことの大切さです。何かと何かがつながれば、今
までできなかったことができるようになります。過去のイノ
ベーションは、たいてい、2 つのアイデアの組み合わせなの
です。

　そして最後に、私たちが学ぶべき第 2 のこと。ペイジさんと
ブリンさんは、「先端技術」を勉強していたからこそ、Google
を生み出すことができたということです。この世界はやっぱり、
新しい知識を学んだり研究したりすることで、未来は開かれて
ゆくのです。

おわりに

　皆さん、本書を一冊読み終えていただいて、有難うございました。皆さんは、最後まで読み進めて、どんな印象を持たれたでしょうか？　もしそれが、「明日からやってみよう」だとか「面白そうだ！」とか「元気が出てきた！」というものだったら、それが著者として一番うれしいものです。

　この本は、「私にも経営ができそう！」という、前向きな思いを持ってもらえることを願って、作りました。なるほど、ビジネスというものは、そうやって出来上がっているのだな。会社のお金は、そうやって使えばいいんだな。ものを売るには、こうすればいいんだな。みんなの前に立つリーダーは、こうあるべきなんだな。決して、難しい言葉や理屈を使わず、皆さんが、理解・納得ができることにこだわって、「ビジネスを、経営を、やってみたいな！」と思ってもらえるように、つくってみたのです。

　アメリカや中国などでは、老若男女、そんなに難しく考えずに新しく事業や会社を始めます。実は、新しく会社をつくったり、事業をしたりすることには、そんなにリスクはないんです。

ほとんどお金もかからないし、うまくいかなかったら、やめればいいだけ。だから、どんどんチャレンジをしたほうが、経験も積めて、おトク。そう考えます。

　一方、日本では、経営をすること、会社を立ち上げることは、とても難しいことであり、とても大それたことであると考えられています。ふつうの人がやるべきことではない、と考える人すらいます。新しい会社がつくられる割合は諸外国より低く、経営者にばってきされることを嫌がる人もいます。そんなリスクのあることは、やるべきではないと考えられているのです。

　私が伝えたかったのは、ビジネスをするとか、経営をするというのは、もっと自然な、ありふれたことなのだということです。こんな製品やサービスがあったら、みんなの役に立てるのにな。そう思ったら、事業を始めてしまえばいい。それで、誰かの役に立ち、売上を出すことができたなら、それはとっても、幸せなことだと思うのです。

　何より、経営をすることは、楽しいんです。それが皆さんに伝わったなら、うれしい。もし皆さんが本書を読んで「経営って、楽しそうだ！」と思ってくれたなら、その思いを温めて、いつの日か、経営にチャレンジしてもらいたいな、そう願っています。

中川功一

中川功一（なかがわ・こういち）

経営学者／やさしいビジネススクール学長／YouTuber ／経済学博士

1982年生まれ。専門は、経営戦略論、イノベーション・マネジメント、国際経営。「アカデミーの力を社会に」をライフワークに据え、日本のビジネス力の底上げと、学術知による社会課題の解決を目指す。オンライン経営スクール「やさしいビジネススクール」を中心に、YouTube・研修・講演・コンサルティング・著作などで経営知識の普及に尽力している。主な著書に『感染症時代の経営学』（千倉書房）、『ど素人でもわかる経営学の本』（翔泳社）、『戦略硬直化のスパイラル』（有斐閣）など。

自分で考える力が身につく！
13歳からのMBA

2023年6月20日	初版発行
2024年7月1日	6刷発行

著　者　中川功一
発行者　野村直克
発行所　総合法令出版株式会社
　　　　〒103-0001 東京都中央区日本橋小伝馬町15-18
　　　　EDGE小伝馬町ビル9階
　　　　電話　03-5623-5121
印刷・製本　中央精版印刷株式会社

落丁・乱丁本はお取替えいたします。
総合法令出版ホームページ　http://www.horei.com/